生活，朴素且散发光芒

曾焱冰 著

〔瑞典〕凯瑟琳娜·林德伯格-本汉德森
餐桌造型

北京联合出版公司
Beijing United Publishing Co.,Ltd.

序言 1
寻找未知之美

　　凯瑟琳娜载着我们驾车飞驰。车窗外急急后退的是低入尘埃的云朵和透过云层倾泻而下的明亮光线。那些宽阔的绿野、红的房子、白色风车和不远处的海，在太阳下闪着亮光，无忧无虑，好像从来不曾体会过冬的残酷。北欧的季节，那么决绝地更替着，夏天白日漫长似乎暗含着挥霍不尽的生命，而冬日黯淡无望，又让人怀疑活着的意义。所有这一切，于我，是一种深刻的吸引，让我好奇这样境遇下的人们，过着怎样的生活，用什么方式去抵抗自然的力量，又以怎样的思考，让生命在极端的虐之下，依然绽放着独一无二的风采。

　　这是 2016 年 9 月，我在博斯塔德（Båstad）这座瑞典南部被海环抱的小镇与凯瑟琳娜一起工作。凯瑟琳娜是瑞典餐桌布置艺术家，已经出版了六本关于餐桌布置和花艺设计的书籍，并创办了一家名为 CatDukar 的设计公司。2012 年她曾与斯德哥尔摩厨师团队领袖联手获得世界奥林匹克烹饪大赛（IKA）金牌。而我与她结缘则是因为她的一本书。

那是一本关于四季餐桌布置的画册，是一位旅居瑞典的朋友送我的礼物。书里的画面一下子吸引了我：那些用蔬菜水果做成的桌面装饰、花环，用苔藓、树枝、树叶布置的主题餐桌无不充满想象力、自然情怀和幽默感，我注意到作者凯瑟琳娜·林德伯格 - 本汉德森（Catharina Lindeberg-Bernhardsson），一位优雅的老太太，上 Instagram 一搜，便找到了她，于是关注。

在这之后近两年时间里，在餐桌布置方面，我不断尝试、学习和研究，其中，一部分启发恰恰来自素不相识的凯瑟琳娜。2014 年年底，我第一本关于餐桌布置的书《爱就是在一起，吃好多好多顿饭》出版了，当时很想给她写一封信，告诉她，一本来自瑞典的书带给遥远中国的一位读者怎样的启发和改变，以感谢这份美好机缘。

邮件发出，几乎是在时差刚刚转到北欧白天的时候，就收到了她的回信。

I have been so amazingly happy to receive your email!! There are many different parts that put a smile on my face.

……

（收到你的邮件，真是太高兴了！！看到很多段落，都让我会心微笑……）

就这样，一封一封信继续着，直到我们在瑞典见面。后来，我将那本当初给我启发的书带到中国在国内出版，这便是中文版《四季餐桌》。再后来，我们又一起在北京 798 举办了国内首次餐桌布置互动艺术联展，并一起做了多次大师工坊，与中国学员研习探讨餐桌布置的可能性。与凯瑟琳娜的缘分仿佛是写在我们彼此生命中的伏笔，为我们了解各自生活中未知的部分开启了一扇窗。

那个 9 月，我跟随她从瑞典南部斯科纳（Skåne）地区启程，也开启了这本书漫长的创作过程。我们拜访了不同的人，参观了他们的家，感受着他们生活的细节。年轻的，年老的，艺术家，普通人，大家庭，单亲妈妈，他们的精彩各不相同，又有着共性。

秋日走入苹果园，红艳艳的苹果正缀满枝头。女主人用长杆修枝剪将苹果连枝带叶一起剪下，拎着沉甸甸的枝杈和果实回到她美丽的厨房。新鲜酿造的苹果酒和刚刚烤好的肉桂苹果派散发着香气，用苹果枝叶装饰的餐桌鲜活而生动，让人不禁感恩大自然给予的一切。过好当下，才是幸福的根本。

冬夜，去参加一个家庭热红酒派对。一大家子聚齐，在老夫人带领下在厨房里忙活。女士都穿着高跟鞋、裙子，化着精致的妆，男士穿着整洁的衬衫，家里每个角落都点燃了蜡烛，而后一家人一起充满仪式感地为门前的圣诞树点亮彩灯。当热红酒的香气弥漫开时，喝着混合着肉桂、橘皮、丁香味道的 glögg（瑞典式热红酒），就着姜饼和果仁，暖暖的，让人更深刻地感受到，也许只有投入对生活更多的热情，才能对抗这里的自然所带来的黑暗与凛冽……

转年春暖花开，从斯科纳夏日原野上无穷无尽的花朵，到仲夏节狂欢，从秋日的大海与无际农田，再到斯德哥尔摩冬日暗黑的楼群和无尽冰雪，不同的是季节与场景的转换，相同的是于细节中不断发现人们对待生活的热情，以及创造美与幸福的能力。

你会发现，在这些人家的墙上，都挂满了精彩画作，油画、版画、水彩、素描，现代的、古典的、抽象的，风格不一而足。雕塑、装置这样的艺术品也会出现在寻常人家的客厅里、沙发旁、过道中，甚至厨房内。

书，更是四处都是。有的是一整面墙的书架，有的是随处利用空间的隔板或矮柜。厨房里会有专门摆放烹饪书和餐间消遣书的角落，卧室内也会有随手就能取到睡前读物的床前书架或小柜。

每个家都充满了艺术气息但又烟火气十足，整洁有序，却又不是那种把一切都收纳起来的空洞样板间。

"极简主义其实是个谎言。"为诺贝尔晚宴做了十四年花艺设计的大师贡纳尔·卡伊（Gunnar Kaj）坐在他橄榄绿的天鹅绒沙发上说，"如果不把所有东西摆出来，我又怎么去用到它们？"在他面积并不大的顶层公寓里，每一个角落都堪称完美。他用透明小桌当花架，设计出一个错落有致的室内花园角落，三角形天窗洒落柔和的光线。他说，有花朵植物的地方，才有生命绽放。

"生活"在这里，是具体而生动的。那些橱柜里整套整套的餐瓷杯碟，不一定多昂贵，但每一餐一茶，没有凑合。一只酒杯、一个碟子、一盏茶杯，必定到位。餐桌布也不一定都是崭新的，一样有着洗不掉的隐约油渍，但干干净净，每天使用。刚刚进入12月，每家都会摆放四支蜡烛，这是圣诞前的倒计时，每周点燃一支，仪式感真是进入生活的每个细节中。

从一张餐桌，到一种设计风格，再到一种生活方式和文化，这循序渐进的探寻让我逐渐了解了瑞典人获得幸福感的秘密。

这里有人与自然的关系，正是这种对自然无限的崇拜和虔诚，让他们在不断与自然合一的过程中体验与圣灵的亲近、释放内心压力，从而得到一种深刻的慰藉。

也包括瑞典人追求一切"不多不少，刚刚好"（LAGOM）的心态，这是瑞典式中庸，也是他们特有的一种简约生活艺术，无论工作还是生活，有度、可持续，力求于平衡中寻找幸福。

追求平等与独立，同样是深入瑞典人观念的一点。人们更强调成为"一个独立的个体"，每个人都应该去追求自己生活的意义，不需要依附于其他社会关系。

正因如此，你会看到瑞典"独居"文化盛行，离婚率高，只同居不结婚的现象也非常普遍，但这并不等于他们游戏人生，不负责任。恰恰相反，正因为这种深入骨髓的独立精神、平等关系，让他们能在做好自己的基础上，更慎重、严肃地对待家庭这个选项，从而大大提升家庭的质量和幸福感。

当然，在"瑞典式幸福"中不可缺少的一点是高福利社会给人的支持和包容，让生活在其中的人们能最大限度地追求自我价值实现。在这种良性循环下，自律、尊严、荣誉，让生生不息的北欧精神支撑着一代又一代人，为更好的生活而努力。

　　我几乎用了四年时间，才最终完成这本书的写作。而这本书的核心，除了别具一格的北欧式"餐桌布置"和"家居风格"，也延伸到了北欧式的"生活主张"——一张餐桌上所呈现的，有美食、餐瓷，有植物、花朵，一个家所容纳的有家具、装饰品、艺术品，但在这些之外，更打动人的是暗藏其中的人们如何审美，如何彼此相处，并真真实实地生活着。

　　美，但不流于表面和寻常。心之所到处，最普通的一草一木、一花一物，都可以变得美好而任性，让人欣喜，充满生气。从北欧艺术家的艺术创作、花艺设计、餐桌美学、产品设计，到冬日夜色中街头悬挂的雪花街灯，每家每户窗前摆放的烛台与台灯，亮闪闪的光芒连成一片，犹如梦境，这些都是最打动人的美之所在。

而这些，也正是我所欣赏和希望不断学习的。在我们周围，充斥着网红标配的锥子脸，影片中永远霸道总裁与"小公主"式的傻白甜，花店恒久远的甜美范儿与万物追求奢华的单一审美，如此让人乏味。实际上，我们未知的部分，却那么多姿多彩，绚丽迷人。

在这本书里，你可以看到十几个不同的家庭和他们所拥有的美的生活；可以看到不同场景中，凯瑟琳娜独树一帜的北欧式餐桌设计；可以看到瑞典的种种生活理念和幸福呈现的不同方式。

我所写下的和照片记录下的这些内容，是感动的瞬间，也是我内心对"理想生活"的向往。它可能很难一下子实现，但又会在心里某个地方埋下伏笔，一旦整个身心达到了某种状态，这些暗藏的线索，就会连接在一起，即使在完全不一样的地方，有着不同的环境，用着不一样的物品，也同样可以找到想要的生活状态。

而我希望读到这本书的你，也有同样的感受。

曾焱冰
2021 年 3 月

序言 2
北欧餐桌美学，关于自然与生活的艺术

可能在这个地球上，再没有哪儿的人，像生活在北欧的人们那样迷恋和崇拜自然。对我来说，天然的材料是创作过程中非常重要的素材，我无法接受人造的东西。所以我喜欢在静谧的森林中漫步，采集蘑菇、苔藓和浆果，也喜欢去花园、海边，去任何充满自然灵性的地方搜集灵感和素材。

在平静的环境中，人的压力会减小，身心能得到放松，也只有在这时，才可以真正倾听自己内心的声音。当你体会到这种身心合一的感觉后，无论做怎样的创作，都能找到那些同样可以触动他人内心的东西。一次，在我的布置课程结束后，一位女士对我说："我现在每次带着狗一起出去散步时，可以看到很多以前不曾留意的美的东西，我也总能从森林里找到可以用来布置餐桌的素材了……"听到她这样说，我十分开心。

这本书记录了我和 Bing（曾焱冰）在瑞典从夏天到秋天再到冬天的一段段探访经历。她来到瑞典，希望更深入地了解斯堪的纳维亚风格和设计，也希望了解这里的人和他们的生活。我带领她在不同的环境中，尝试不同风格的餐桌布置设计，但无论怎样的变化，核心都是体现北欧崇尚自然的精神和审美。所以在这本书里，你可以看到在海边用野草、海苔所做的布置，也可以看到把田地里采来的蔬菜作为餐桌装饰，还有用到秋天各种颜色的南瓜、花椰菜，冬天的松枝、干果，初夏第一批采摘的土豆、草莓和野花……无论是什么，只要能创造出漂亮的餐桌布置，且充满自然的美感，就尽情去用吧。

在我开始用蔬菜、树枝、苔藓、鲜花等东西布置餐桌前，我会先想想，今晚我们要吃的是什么？如果食物是芦笋这类漂亮的蔬菜，那我就会直接用它来作布置的主体。如果不是直接可以运用的食材，但食用时会搭配着某种香草，我就会把很多需要的香草和剪刀直接放在桌子上当成布置的一部分。这样，围坐在餐桌边的用餐者都可以亲自从这些香草中采下一点配菜——"可以递给我一些罗勒吗？""可以帮我剪一枝迷迭香吗？"他们会这样互相交谈、互相协作。如果你在餐桌布置中用到新鲜诱人的水果和可生食的蔬菜，客人们甚至可能在用餐过程中直接把它们抓起来吃掉！

这会让餐桌布置变得生动有趣，又和每个用餐者有关。要知道，当你参加一个晚宴、派对时，最吸引你注意力的便是餐桌的装饰，所以餐桌布置真的非常重要！（当然，如果食物也很美味，那就更完美了。）

　　对瑞典人来说，每个节日都值得认真对待，所以在庆祝节日时，恰当又有新意的餐桌布置可以增添很多惊喜。这本书中就包含了仲夏节、小龙虾节、圣诞、新年的不同布置方案。

　　我希望本书在让你更加了解瑞典式生活的同时，还可以激发你的创作灵感。不必一板一眼地按照书上说的做，而是要按你喜欢的来。餐桌布置所体现的正是你自己的个性和生活方式。

　　最后，祝你生活愉快，让我们干杯！

凯瑟琳娜

目录

173　越自然，越美好

北欧餐桌美学解析

本书照片除单独说明外，均由袁小涵拍摄。

生活，
朴素且
散发光芒

瑞典人的家和他们的故事

寻找心中的田园牧歌

　　站在凯瑟琳娜这座房子的二层，可以透过整面三角形玻璃墙，看到田园、沼泽，直至远处的拉荷姆湾。发现这极好的视角，出于一次偶然。那时凯瑟琳娜和丈夫尼尔斯（Nils Bernhardsson）刚刚买下这个位于瑞典南部图勒科夫（Torekov）的院子，并打算重新改造其中这座旧谷仓。他俩年轻时都曾在这一带生活，随着工作、创业而离开故土，多年后重新回来，希望把他们的夏日别墅（Summer house）建在这里。

　　夏日度假文化在瑞典是一种传统。对于北欧人来说，冬季漫长，自然所赠予的好时光只有短短的一个夏天，所以要及时行乐。很多家庭都拥有一间坐落于郊外静谧山水间的度假别墅，屋子或大或小、丰俭由人，但"夏日度假"并不是富人的特权。人们利用 6 月底到 8 月初的长假奔向大自然，在自己的度假别墅中度过一段与自然亲近的时光，放松身心，从中获取能量与活力。

图勒科夫所处的地区恰是一个极佳的夏日度假地。这里临海,有着延绵起伏的田野、森林,有着充沛的阳光和安静且缓慢的节奏。一日,当凯瑟琳娜站到旧谷仓的高处时,忽然发现眼前视野如画一般,十分开阔且有层次。从屋顶上下来,她便和尼尔斯一起开始了设计和构思。他们把混凝土、玻璃和木材混合运用,将谷仓视野开阔的一面墙全部打掉,改成 6 米高的玻璃幕墙。凯瑟琳娜负责选材和配色,尼尔斯负责设计图纸以及所有具体而细致的建筑工作。

经过两年的改造,这座旧谷仓终于变成了眼前的模样——一层临窗是凯瑟琳娜那张又大又长的餐桌,坐在餐桌旁用餐,可以看到院子里满眼翠绿和游泳池荡漾的碧蓝。再往高推一个层次,两级台阶之上,连接着开放式厨房的操作台。岛台,是一家人喝咖啡、吃早餐和闲聊小憩的地方,视野比长餐桌处高出一截,可以看到更远处的田野。而如果爬上二楼三角形屋顶的阁楼,则可以让视线跃过田野一直延伸向海面。二层是尼尔斯的工作室,一张宽大的绘图桌、一组舒适厚软的单人沙发和脚凳、一套皮革躺椅、两盏钓鱼灯和一窗醉人风景,简约朴素,又极其奢侈。

尼尔斯经营着和环保相关的生意,常年在世界各地间穿行。凯瑟琳娜同样有自己闪闪发光的事业,从早年间成功创办童装品牌 Sagofén 并获得"皇室御用儿童连体衣"的荣誉,到后来因照顾三个女儿和家庭,卖掉童装公司转向花艺设计和餐桌布置,她又成功地将自己的兴趣开辟成崭新的职业方向,并取得了丰硕的成就。

生活，朴素且散发光芒

　　我曾在几年内三次拜访这座位于图勒科夫的房子。凯瑟琳娜一家人原本像所有瑞典家庭一样，平时生活在都市的公寓中，只有夏日来临时，才会一起到夏日别墅度假。但渐渐地，凯瑟琳娜越来越迷恋这里的平静与自然。当她坐在屋子里，看向田野和远处的海，总能感受到无尽欢喜。她喜欢在田地间漫步，在森林里采集苔藓、落叶和各种各样的浆果，这里的一切都可以带给她灵感，于是她干脆把家彻底搬到了这里，既享受夏日的丰盛，也接受冬日的沉闷，毕竟，生活真正的乐趣在于人内心的色彩和双手的创造力，这种田园牧歌式的生活让她感到舒畅，那么，为什么不呢？

　　后来，当她带着我驾车在无尽起伏的田野、丛林间穿行时，我也渐渐体会到了这种心情。不远处就是海湾，从哪个角度都能看到阳光下闪烁的海面。黑白花纹的牛吃着草，云朵在空旷的田野上投下淡淡阴影，肥硕的羊儿瘫倒在山坡上晒着太阳，目光涣散，好像丝毫不会担心天光正在逐渐变短，黑暗的冬天就要来临……

走过她生活的地方，我找到了在她《四季餐桌》（*Dukningefter säsong*，中文版已出版）一书中每幅画面灵感的出处。这里的一草一木、森林大海、每一缕阳光、每一片田野都塑造和影响着她的审美，夏日的丰盈美好和冬日的凛冽黑暗也让她更珍惜自然中的万物，并以不拘一格的形式运用到创作中。

春天，鸡蛋、蛋壳、刚萌芽的枝条、小鸟的羽毛在她手里变幻出万物复苏的复活节派对；初夏，她用刚收获的土豆配以各色野花设计出令人意想不到的仲夏节餐桌；秋日，千奇百怪的南瓜和飘逸的白纱可以是婚礼派对的创意；冬天，松枝干果和红玫瑰，毫无悬念地燃烧起人们对圣诞的期待……

在凯瑟琳娜那张又长又宽的餐桌上，我们一起吃过好多好多顿饭。她亲自下厨煮黄油土豆、煎芦笋，或利落地拌一大盆沙拉、烹制出一块完美五分熟小牛里脊。在餐桌上，我还见到了她的家人。她的三个女儿都已经长大成人，和父母保持着既独立又亲密的关系。在那次家庭野外烧烤聚会上，她的大女婿（大女儿出差缺席）、二女儿一家五口、三女儿和新交的男友从四面八方聚来一起为我们接风，一家人其乐融融，让人觉得格外美好。

我们喝着杯中的葡萄酒，一边帮厨，一边闲聊。那晚，小女儿和男友用

生活，朴素且散发光芒

前一天凯瑟琳娜布置餐桌的蔬菜炒了一大锅什锦烩菜，颜色丰富漂亮；尼尔斯亲手制作瑞典特色的麋鹿肉饼；凯瑟琳娜用从院子里采摘的玫瑰和小果子布置餐桌；大女婿生火烤肉；二女婿照看着孩子们……

暮色渐沉，不断变换着远处海面、田野和树林的颜色。如火的夕阳渐渐落下，远山和树木一点点从深蓝色变成漆黑的剪影，余晖移到那六米高的玻璃幕墙上，给整栋房子披上了一件如火焰般耀眼的外衣。

与自然和谐共处

众所周知，瑞典作为一个国土面积只有 45 万平方公里的北欧国家，在环保方面却取得了让世界瞩目的成绩。

环境保护，说到底就是人与自然的和谐共处。人们能在日常生活中自觉做到垃圾分类、不往自然界扔垃圾、不过度采摘捕猎、不私自砍伐树木破坏植被、低碳生活、环保出行、物尽其用……这些都与国民有强烈的环保意识密不可分。

这种强烈的环保意识，和瑞典人对自然有着如同宗教一般的热爱与崇拜相关，而这与瑞典人身处的极端气候环境以及他们代代相承享有的"漫游自由权"（Allemansrätten）有关。

极端的气候环境显而易见，冬天黑暗寒冷而漫长，夏日短暂。这让身处此种环境中的北欧人格外珍惜夏日时光，愿意尽可能地与阳光、植物、花朵为伍，从自然中汲取更多的能量。

而所谓"漫游自由权"是瑞典一项独特而古老的法律。所有人（包括外国人）都可以在瑞典任意自然环境中露营、野餐、采摘。

当然，权利附带着义务，漫游者被要求"不能留下痕迹"，即垃圾要打包带走，不能破坏生态和环境，不能过度采摘和捕猎，不能打扰到其他人的私人生活。这项法令也是让瑞典人世世代代能如此沉浸于自然，并迷恋自然的原因。对大自然深入骨髓的欣赏，来自他们自幼生活的环境，而这种对自然的崇拜与依赖，也回报给他们在自然中能得到身心的放松和压力的释放。

亲手设计建造自己的家

这栋白房子在海边，门打开，一个瘦高光头男人，带着瑞典人特有的羞怯而彬彬有礼的笑容。人类学家阿克·道恩（Åke Daun）在其著作《瑞典人心理》（*Swedish Mentality*）中描述，瑞典人是个害羞的民族，内心充满不安全感，甚至宁愿走楼梯，也不愿与人共乘电梯。由此可以想象，迎接几个从未谋面的，甚至来自从未造访过的中国的客人，会是怎样一种紧张的心情。他是这栋房子的男主人弗雷德里克（Fredrik），这栋临海的房子，是他和妻子与三个儿子的家，而他，亲手设计并建造了整栋房子。

房间里是经典的北欧色调——黑与白。很多家具看上去像来自宜家，但装饰品颇有特色。在一溜简洁的白色矮柜上，摆放的黑色或白色花盆材质各异，斑马纹小罐子兼具装饰与储物功能。黑色边框的马灯和镜子、墙上挂的画框镜框、橱柜里的白色与金色餐具，仿佛都在告诉你，这个家，是认真设计过的。

弗雷德里克从事金融行业，还是一名业余建筑与室内设计师，妻子加布里艾拉（Gabriella）在一家蒙特梭利学校任教，同时是一名兼职的造型师和私人买手。听上去这是能量超强的一对夫妇，他们不仅应对全职工作，更把爱好经营得风生水起。和弗雷德里克刚开始交谈，他便自豪地指着自己家的墙面说："看，这是我太太画的，这是我太太拍的照片，你们看，这个杂志上有我太太做的时装造型……"

瑞典男人喜欢宅在家里，擅长家务，动手能力超强，这是名声在外的。弗雷德里克就是这样一个瑞典男人，从自己组装宜家买回的家具，到做超级奶爸，甚至亲自操刀画图纸、盖房、装修，既是设计师又当泥瓦匠，都不在话下。他最大的爱好就是捣腾自家的房子，把它变得更舒适、更合理，伴随三个儿子的成长一起长大。

这座临海的房子曾是渔民的简陋渔屋，经弗雷德里克设计改造后，变成了一座地面两层加一个地下室的小楼，后院改造成了一个迷你足球场。每天三个儿子放学回来，都会在这里玩耍一番，释放能量。

公平地说，这栋房子的面积有限。一层是一个不大的客厅、餐厅，连接着一间主卧和一间小小的工作室。客厅白色的沙发整洁舒适，沙发上悬挂着女主人的画作。墙角的壁炉和木柴的摆放恰到好处，既节省空间毫不夸张，又布局合理不显局促。客厅与餐厅之间用一组矮柜隔开，餐桌临窗而置，窗户凸出去的位置正好设计成一个固定的长沙发座椅，一排彩色的靠垫整齐地

摆放，在白色的空间中显得格外舒适柔软。

上二楼先看到一个小小的厅，顺着墙壁打造的木质沙发椅同时也是储物柜。倾斜的屋顶上两扇天窗让阳光透进来，孩子们通常在这里度过他们的阅读时光。往里走是三个儿子的卧室和一个卫生间。每个孩子的房间布局类似，都是仅能放下一张单人床和一组简单的小书桌、椅子。但房间的风格却从细节中透出不同。有的非常整洁，有的布满了散乱的乐高玩具。墙面上挂的孩子作品也显露出三个男孩不一样的性格特点。

在参观二楼时，我还发现了一个有趣的细节。在孩子的沙发垫子下面，有一个带盖子的圆洞，这个洞口连接着一根粗粗的管道，弗雷德里克让我猜

这是做什么用的。最后答案揭晓，原来孩子们可以把换下的脏衣服直接丢进管道，管道直通地下室的洗衣房，管道口放置的脏衣篓正严阵以待，准备接收这些需要清洗的任务。

地下室除了有洗衣房，还具备强大的储物功能。在紧凑的空间中，弗雷德里克的设计精简利落，比如用书架当客厅和主卧的隔断墙，很多桌面、台面、沙发和墙壁相连从而节省空间，沙发下方储物，墙壁做成隐形衣柜增加储藏空间……

就在我们参观完聊天的时候，弗雷德里克不好意思地说要失陪一会儿，出去接孩子放学。他的三个儿子在附近不同的学校就读，周一到周三弗雷德里克去斯德哥尔摩工作，孩子全部由妈妈照顾，等他回来后，夫妻俩便换班，妈妈去忙自己的事情，转而由爸爸负责孩子的起居、接送等后勤事务。

二层的沙发上有妈妈准备好的三套干净的家居衣裤，三双袜子，整整齐齐地摆放着。这个有三个男孩的家能看上去如此整洁、漂亮、有序，是让人意想不到的，除了设计合理的功劳，也必须赞叹男女主人的默契与生活管理的高效。

门开了，是三个漂亮的男孩子。他们进门时羞涩地打量了下我们，和我们一一打过招呼，就跑去更衣踢球了。弗雷德里克也过去陪他们踢了一会儿。从玻璃窗望出去，爸爸和孩子们一起在绿茵场上奔跑，时而尖叫时而大笑，

场景让人觉得充满爱和愉悦。与小足球场一墙之隔就是辽阔的海面，可以想象，在周末，这一家人如何在海里游泳，在海边漫步，又是如何与朋友们在院子里烧烤、嬉戏，享受平实而快乐的时光。

用餐时间就要到了，凯瑟琳娜和我一起用准备好的蔬菜和盆栽香草布置了很有趣的餐桌。这些蔬果都来自附近的田地和市场，也同样是晚上的烹饪食材。彩色的花椰菜、甘蓝、大豆荚、小香葱、番茄……这些蔬菜原来也有"颜值担当"的时刻，摆上餐桌作为装饰品，竟然可以如此惊艳！

"可以吃的餐桌布置"充分体现了瑞典人崇尚自然、更注重环保的精神。三个男孩对餐桌上的一切都充满兴趣，他们摸摸这个，看看那个，眼睛里都是好奇。老大亚历克（Alec）开朗稳重，老二杰克（Jack）富有表演天赋，面对镜头总会甜蜜地展开笑颜，而小弟弟尼克（Nick）呆萌又酷酷的，只是用一双大而清澈的灰蓝色眼睛静静地看着你。

看这边，笑一笑！摄影师说着准备按下快门。杰克忽然以闪电般的速度倾身过去，用手指撑起了尼克的嘴角，给从不笑的小弟弟拗出了一个滑稽笑脸……

生活，朴素且散发光芒

幸福需要能量与智慧——来自女主人加布里艾拉的一封信

我当妈妈时年纪已经不小了。

38岁时我生下了亚历克，40岁时，杰克来到了这个世界。接下来是最小的尼克，他出生于2012年12月，那时的我已经43岁了。他的到来像一个小小的惊喜，意料之外，带来了很多欢乐。

有三个男孩的家，让这座房子充满了雄性荷尔蒙的气息！

眼前总是有什么人或什么东西在晃——左右摇摆的拳击沙袋、嗖嗖地在空中飞来飞去的各种玩具，一个小子在揍另一个小子……这里根本没有片刻的安静，这几个孩子要不全速开进，要不彻底崩盘。一家人永远在说个不停，大笑，尖叫，高声唱歌或为一点儿事就争论不休。

之前我一直确信自己会生女儿，从未想过会生儿子。我一直把自己想象成一个"仙女妈咪"。我们会一起画小公主，串珠子项链，烤又香又软的纸杯蛋糕，我的生活平静而美好，我还可以……

好吧，然而生活并不是这样的！

我生了儿子，全都是儿子！

人们常说你终究会成为你应该成为的人。所以，我最终成了一个"女汉子妈咪"。而且说真的，事到如今我也看不出我还能有什么其他的选择。

不久前，我带这仨小子一起去超市买东西。刚放学的他们又累又饿，三个熊孩子在超市里不停地争吵打闹，我只想赶紧把该买的买了然后迅速撤离，我让他们尽量安静一点，一个劲儿地和他们说再忍一会儿，一小会儿就好了，咱们马上就可以回家了……

就在这时，忽然有人轻拍了一下我的肩膀。回头看到一位老太太正看着我，眼神既坚定又充满了洞察一切的智慧，她说："你懂的，上帝总是把最难打的仗交给他最棒的战士。你知道吗，亲爱的，你得到的一切都与你的能力相匹配。"

后来，我常常想起这位女士。每当我想起她说的那些话，就感到无比骄傲与坚强。

尤其在我因为日常生活琐事透支了所有体力而感到疲惫不堪时，更是如此。弗雷德里克每周都会有三天待在斯德哥尔摩，这段时间，我就觉得自己像一个单身妈妈。我真的很钦佩世界上那些真正的单身妈妈，她们都是了不起的英雄！

我的一天通常从早上六点钟开始，赶在"象群"下楼之前，安静地做十分钟拜日式瑜伽。早晨喝一杯咖啡对我来说非常重要，这一点，在相处多年后，我的丈夫和儿子们都很了解。

然后是一家人的早餐，更衣，为孩子准备健身包，打包水果和午餐盒，所有的事情都得乘以三。

刷牙、梳头、穿上外套，哪怕只是找齐三双袜子六只手套都足以让人一大早发疯！

因此，每天晚上我们都会尽可能地准备好第二天要用的东西，让早晨从容一点。毕竟我还要开车送三个孩子分别去学校和幼儿园，要在三个不同的地方放他们下车。

然后，我得赶在上班前去超市买好一家人当天需要的东西。至于我的工作，我在一家蒙特梭利私立学校当老师，同时也兼职做时尚造型师和私人买手。

一天工作结束后，我再从三个不同的地方接上孩子们，通常还会一起接上他们的小伙伴。然后送他们去参加足球训练和乐队排练，再回到家，督促做作业、准备晚餐、催促他们洗澡，等等。

每天准备晚餐和吃饭的时间，被我统称为"饿狼时间"。孩子们就像饥饿的狼群一样围着厨房打转儿，盼望着他们的食物。我希望做出让所有人都满意的晚餐，但我家五口人对食物却有五种不同的口味需求，因此我常常得用一种主要的食材做出不同风味的菜肴。

当你有三个孩子时，就会怨自己为什么少一只手。所以很难做到所有的事情都很公平。我们只能尽力去做。每天睡觉前，我们会一起读一个睡前故事，聊聊第二天的计划，当他们睡着的时候，我也跟着睡着了。这对我再好不过了，我真的需要更多睡眠。

星期三晚上，当弗雷德里克从斯德哥尔摩回到家，我们的分工就可以有些调整了。我可以工作得晚一点，再安排去上两个晚上的瑜伽课，让他来负责孩子们的后勤。但他也不是每件事都行，比如收拾孩子们的书包和准备衣服，依然只有妈妈是最值得信任的……

孩子们最喜欢在家中度过周末，他们喜欢一家人在一起的时光，因此我们也会

按他们喜欢的方式，邀请朋友一起来家里吃饭、做客。

我们倾向于邀请同样有男孩的家庭一起玩耍，有趣的是，和我们关系最好的一家人也有三个男孩。

我们也是能互相托管孩子的家庭——有三个男孩和六个男孩真的没多大差别，反正都是一样的吵闹和折腾。

这样，我和弗雷德里克才能偶尔有单独在一起说句整话的时间。我们在朋友和家人的帮助下有时会逃离几晚。

这对我俩和孩子们都是好事，心情愉快的父母才会更加有趣。我有时也需要单纯为自己做一些事情，我不仅是一位母亲和妻子，更是我自己。

所以当孩子们已经不需要我每分钟都照顾他们的时候，我也试着自私一点，去考虑自己的需要和那些让自己快乐、兴奋的事情。我会自己去旅行，会大声放着音乐画画，这个夏天，我终于可以去上我向往已久的瑜伽课程了，努力做个取得国际认证的瑜伽教练是我的梦想。

这就是这座美丽的房子里真实的生活。我经常告诉自己，做个快乐的妈妈和妻子，才能有快乐的生活！

加布里艾拉和她的小狼群

苹果园里的乡居生活

　　驾车飞驰在博斯塔德这座瑞典南部被海环抱的小镇上，周围是宽阔的绿野、红的房子、白色风车和低低压下来的大团云朵。阳光明亮，天空碧蓝。这里所隶属的斯科纳地区是北欧最富庶的农业区，也被称作瑞典文艺气息浓郁的南部粮仓，有着最美的田园风光和慵懒缓慢的生活节奏。每逢 9 月，秋风渐起，斯科纳会迎来一年一度的"苹果狂欢节"，庆祝苹果的大丰收。瑞典人对苹果的爱非同一般，在苹果园亲自摘红苹果、饮苹果酒、吃苹果派，甚至以苹果为主题进行艺术创作，都是他们乐此不疲的事。而我们今天要拜访的，正是一户拥有一片大果园的人家。

　　女主人洛塔（Lotta）和男主人彼得（Peter）14 岁便认识了。彼得曾经营贸易公司出口大蒜，一年有二百天都在出差，公司在开普敦、青岛、香港都设有办公室。成功的事业也带来繁重的压力，而瑞典人最擅长的便是让工作和生活达到一种"平衡"——不是不努力追求事业的成就，而是适时、适度，

在人生这条长线上，对生活和工作均有认真的规划，不会厚此薄彼。就像彼得，在事业发展到一定程度后，他出售了大部分股份，不再继续追求更多的财富，然后携全家人一起搬到斯科纳。他和设计师共同建造了现在的这个家，把更多时间留给家人。院子一角的小房间是他的家庭办公室，在这里他可以一边照顾剩下的生意，一边享受家庭生活。

洛塔和彼得的家是斯科纳地区民宅的典型代表，两座白墙黄顶的建筑为主屋，侧面典型的瑞典式小红房子是办公室和库房。院子里有一个不大不小的游泳池，水面碧蓝，再往外是石头围成的矮墙，一边连接着宽阔无际的绿野，一边通向他们茂密的果园。

洛塔迎我们进入屋内，她家的整体布局既有空间感又舒适松弛。她的厨房餐厅也是和朋友们下午茶轻松聚会的所在。厨房操作台上方围绕窗户的一面墙铺满绯红色瓷碗图案的墙纸，风格强烈，引人注目。据说瑞典人在装饰房子时，通常选择四白落地，同时他们又格外喜欢只在一面墙上创造"与众不同"的风格，于克制中显得更加醒目、具有个性。

厨房的中岛也是个书架，朝向餐桌的一面采用书刊展式柜的方式设计，可以让书籍、杂志充分展示出封面，既方便阅读，又表达了自己的生活方式和态度，同时还是一种巧妙的色彩装饰。

临窗摆放的是一张六人长桌。用餐时，透过玻璃窗可以看到外面游泳池

荡漾的水面，再往远看，就是他们的果园了。丰收的季节，无论苹果树还是梨树，都结满了果实，红彤彤的苹果更是落了一地。洛塔和彼得农场中的水果供应本地的果汁厂，同时也是他们餐桌上待客的新鲜美味。

那一天，在跟随洛塔和彼得采摘了苹果、梨子后，回到厨房，我们不仅用采来的苹果枝布置了可爱的餐桌，洛塔还利落地烤出了一个金黄喷香的苹果派，并拿出她自酿的苹果酒招待我们。

我们边吃边聊天。洛塔的父亲曾是一名海员，正因如此，她从小沉浸于各式各样的异域风格之中，酷爱旅行，并从旅行中收集了各种家居装饰品。她给我们看她从中国收藏的粉彩花蝶图案的餐盘、来自英格兰的果绿色古典图案点心碟、各种手工匠人的陶器、手工蜡烛、工艺品和艺术画作……对于每件物品，洛塔都了如指掌，有些来自祖辈的传承，有些记录着一段特别的时光。起居室里美丽的古董家具、烛台、布艺靠垫，还有墙上风格强烈的油画，一个家的内涵和底蕴，正是附着于这些收藏品之中。主人的阅历、故事和品味、喜好，被一一静静地展示着，诉说着。

后来，在置爱策划的北欧设计师游学中，来自中国的设计精英们也来到这栋房子内参观斯科纳风格的民居。那次恰逢洛塔和彼得去南非旅行了，接待置爱游学团队的是他们的大公子——一位获得哥伦比亚大学奖学金并担任《福布斯》杂志撰稿人的阳光型帅哥。

在我们去采访过的十几个瑞典家庭中，这样"不远不近""有温度又有距离"的亲子关系，是非常普遍的。孩子们从小在父母共同参与的家庭教育中长大，成年后，便去过自己的独立生活。国家在福利政策上对养育孩子与赡养服务老人都格外优厚，这便使得瑞典的老人与子女之间没有相互"供养扶助"的关系，相对简单独立、互不依赖。这也让两代人的生活质量和生命价值都能得到提高，尽可以去做自己喜欢的事，按自己希望的方式生活，互不干涉，同时又保持了有温度的亲情和联络。

洛塔家大公子的身上便体现着这种关系，他平时在纽约居住，除了重要的节日，每逢收获季节也会飞回瑞典南部的家中，帮父母打理果园。他对家里的一切津津乐道，言语间流露着对其乐融融的家庭生活细节的赞美。说到家中不断改变着的布置和设计时，他还打趣道："在我家，妈妈负责家里的装潢决策，爸爸负责抽烟、点头和掏钱。"

生活，朴素且散发光芒

不远不近的亲子关系

瑞典家庭的亲子关系既推崇培养孩子的独立精神，更重视从小的家庭陪伴。从国家福利政策上，每个瑞典妈妈在孩子 16 岁之前都享有每个月一千二百五十克朗的育儿补贴。此外，瑞典更有世界上最完美的育儿假体系，夫妇二人共享四百八十天的育儿假，可以按月、周、日，甚至小时来使用。这样丰厚的福利，让孩子从小享有父母充分的陪伴，无论在成长发育还是性格养成上，都是一种长远的"幸福计划"。

同样，养老金也是每个公民都有权享受的，加之医疗、服务等保障，这就让老年人不必靠子女的供养，亲子关系相对简单独立、互不依赖。这样"不远不近""有温度又有距离"的亲子关系，让两代人都能充分按照自己的意愿去过好自己的生活。

完美生活，各自精彩

2016 年 5 月，当我邀请凯瑟琳娜一起在北京 798 艺术中心举办"餐桌布置艺术互动联展"时，与凯瑟琳娜一起飞来的还有她的闺密莱娜（Lena）一家，他们从遥远的瑞典飞来为好友的展览开幕而喝彩，这份情谊着实让我感动。

凯瑟琳娜和莱娜相识于比利时，当时两个家庭都旅居布鲁塞尔。莱娜是凯瑟琳娜所设计经营的童装品牌 Sagofén 的顾客，但两人初次相识并不互相"感冒"，反而谁也不喜欢谁。人的缘分总是很奇妙，凯瑟琳娜后来怎么也想不明白，到底是什么让她们互相不对眼，毕竟没过多久之后，她们便成了彼此最好的朋友。

莱娜和丈夫佩德（Peder Dahlborg）有着超长的婚龄，是一对默契而幸福的夫妻。他们的三个子女都已各自成家，现在更是添了八个孙子孙女，真

是尽享天伦之乐！当我们去她位于斯德哥尔摩市中心的公寓拜访时，看到她的两个小孙子正在祖父母家过圣诞假期，家里的桌上也摆放着孩子们刚刚做好的圣诞姜饼装饰，格外温馨。

知道莱娜有着超高的品味和艺术修养，所以我对她亲手设计装饰的这间公寓格外期待。而当我真的步入房门时，它还是超出了想象，这空间设计和用色太现代了！

一楼是深灰色地毯铺就的地面，线条硬朗简洁的家具、壁炉、楼梯，没有丝毫的拖泥带水，利落而充满金属般的力度。但这里又是饱含色彩和质感的。客厅一面墙的储物柜是偏暖的蜂蜜色原木材质，但拐角处大胆衔接了一组正红色波浪形柜子，漆光面和竖线条的拼接设计让整个空间既现代又时尚。

屋内的各种摆设和装饰品也凸显出主人的别具匠心。白色沙发上的靠垫、毛毯以不同的质感和图案诠释着灰色丰富的层次，有深灰剪羊毛质地的，有亮灰羊羔毛质地的，有纯色的，也有带着火腿纹经典图案的，加之花盆的亚光暖灰色和各种金属表面的亮面冷灰，真可谓一个"五彩斑斓的灰色"秀场！丰富的灰色基调配合着屋内晶莹的烛台、暖色的灯光、跳跃的烛火、丰富的艺术收藏、绿色的植物和花朵……令整个空间充满鲜活和生动的美感。

从莱娜的设计中可以感受到女主人强大而独立的内心主张。在生活中亦

是如此。

　　莱娜和佩德各有各的爱好和生活方式，两人感情甚笃却不是整日绑在一起的连体夫妻。比如他们一年中会安排多次出游，有时是夫妻俩的旅程，有时是家庭同游，但更多的时候，他们会各自找乐儿。在过去的近三十年中，莱娜和凯瑟琳娜等几个好友每年会在相同的时间，在她们初次相识的布鲁塞尔集合，一起度过一个别致的假期。她们也会经常凑在一起，逛街、吃饭、聚会、喝酒，既不带孩子，也不带老公。这在瑞典俚语里称作 egentid，即"个人时间"，强调个体也需要自己独享的时间，自由的生活。当然，佩德也同样有自己的安排。他喜欢待在他的小岛上，钓鱼、阅读、设计房子、工作、

整理花园，这些都是他愿意静静地一个人所做的事情。

瑞典讲求平等的文化渗透在方方面面。在家庭中，夫妻间从男女平等，到经济权利平等，再到承担育儿和家务的责任上，都讲求平等。这些在莱娜的家里，都得以呈现，让人不得不感慨，完美的生活，其实首先来自各自的精彩，然后才是相互的关爱。

当我们顺着很酷的没有扶手的楼梯上到二层的 loft 空间时，发现这里和一层在风格一致的基础上，氛围更加温暖私密了。铺在木地板上的红色长绒地毯和楼下现代感的红色壁柜形成一种呼应，也给了整个空间暖色的基调，配上黑白斑马纹的木扶手沙发格外醒目、明快。此外引人注目的是挂在书架墙中央的一幅画，一位东方少女与鹦鹉组成的画面充满异域风情。莱娜说，这是她在中国旅行时收得的画作，她一直热爱现代艺术，在各种旅途中，寻得喜欢的艺术品收藏，也是人生的一大乐事。

佩德请我们落座在书架前的沙发区域，开启一瓶香槟，用遥控器落下隐藏在天花板上的白色幕布。是的，诺贝尔奖颁奖礼马上就要开始了，这对瑞典人来说，就像我们全家围看春晚一样，是每年的大事。窗外的雪不停地下着，斯德哥尔摩音乐厅就在两公里以外，而我，第一次在瑞典人家以这样的方式看直播的诺贝尔颁奖典礼。我们一起喝着小酒，你一言我一语地吐槽着颁奖礼所有细节——

看，到点了，王后怎么还没出场，这算不算失礼？

希尔维亚王后的裙子很美啊，嗯，今年比去年还好……

哇哇哇哇，帕蒂·史密斯！帕蒂·史密斯！

她太酷了！太酷了！

她怎么了……忘词了？

……

她虽然打扮成朋克，但就像个孩子……

帕蒂太棒了，她还是很棒！

平等与独立

追求平等与独立，同样是深入瑞典人观念的一点。平等是指生而为人方方面面的平等，从性别、种族到各种家庭关系乃至社会权利。而独立，更强调成为"一个独立的个体"的观念，每个人都应该去追求自己生活的意义，不需要依附于和他人之间的社会关系。

正因如此，你会看到，瑞典是"独居"文化最盛行的国家，离婚率高，只同居不结婚的现象非常普遍，但这并不等于他们游戏人生，不负责任。恰恰相反，正因为这种深入骨髓的独立精神、平等关系，让他们能在做好自己的基础上，更慎重、更严肃地对待家庭。

所以，在瑞典，你会看到已婚人士的家庭责任感更强，婚姻质量更高——如果不愿意负这份责任，那何不选择过单身生活或离异？在瑞典，人们不会因为单身、离异或生活在单亲家庭而受到歧视和议论，每个人的私生活和选择都受到平等对待。

你会看到驰名世界的"瑞典奶爸"——街头推着婴儿车、踩"倒骑驴"的三轮车载着孩子、餐厅里哄着幼儿的，往往都是爸爸。男女平等让父亲更积极地参与家务和育儿，国家给予的福利政策也让爸爸和妈妈享有同样的育儿假。整个社会从方方面面为更好地维护和建设家庭生活付出着实际的努力，这让瑞典少有"为了事业置家庭于不顾"或"丧偶式育儿"的出现。选择家庭，就认真对待；生育孩子，就要亲自好好陪伴成长。这是深入人心的理念，亦是整个社会的传承。

一座小岛和一种生活

接着上一篇，咱们继续聊莱娜和佩德。前面说过在北京，我们曾一起举杯共饮，当时我问佩德："你们婚姻如此持久幸福的秘密是什么？"佩德神秘地笑，故意看向莱娜然后眨眨眼说："因为我总自己一个人待在小岛上啊……"

他说的小岛，此刻就在我们眼前。从斯德哥尔摩坐船两个小时才可到达。这座岛的历史可以追溯到 18 世纪，岛民以农业和渔业为生。在他们夫妇买下这所房子之前，它是一所被废弃的学校。那是 20 世纪 80 年代末，这所房子亟须翻新，既没有浴室也没有厨房，他们花了一年多的时间才实现自己想要的效果。

在这里，在这个满是森林、绿地的小岛上和这座黄色的别墅里，佩德倾注了他所有的时间和热情，除了特别的节假日以及家庭旅行时间外，他都在

这里工作、读书、垂钓。而莱娜和儿女及孙辈、朋友们则只会在这儿度过每年最美的夏天。

莱娜酷爱烹饪，明亮宽敞的厨房是她最爱的地方。每当门口悬挂的金色铜铃摇响，便是餐桌上的美味召唤着草地上、树林间、海滩旁玩耍的孩子们回来吃饭的时刻。早晨全家会在临窗的长桌前享受早餐，午餐在码头上吃，下午则一起靠在海边躺椅上喝一杯……

屋子的门廊里整齐地摆放着整理花园用的铁铲、竹篮、塑胶雨靴。鞋底还沾着一丝杂草，记录着莱娜和佩德在花园里劳作的样子。这些工具仿佛还附着着小岛上的每一缕阳光。

房间里整洁、精致，色彩丰富，但搭配在一起恰到好处。像所有瑞典人家里一样，餐桌的位置，是整栋房子最好的地方——三面环窗，窗外临海，阳光正肆无忌惮地充溢着整个空间，浅灰色长餐桌旁，一圈耀眼的珊瑚红木椅闪闪发光。

从厨房取了两只竹篮，和凯瑟琳娜一起到岛上采集布置餐桌的素材。记得《当代维京文化》一书中提到，外国人很难理解，为什么手提小篮子走在森林中采摘鲜花与蘑菇，会是瑞典人的一种休闲方式？但当我真的这样做时，当我剪下玫瑰果的枝杈、拾起丛林中红色的落叶，为了从橘黄色到暗紫的浆果不禁驻足，看到那些草丛里刚刚探出头的蘑菇、树干上幽绿的苔藓时，我想我体会到了与自然合一过程中的圣灵与亲近，也更理解了瑞典人与大自然之间保持的那份虔诚。

如果你从未来过瑞典或其他北欧国家，仅从杂志上、网络上了解，总会简单粗暴地以"简约""性冷淡"这样概念性的词汇来形容北欧家居风格。然而当你真的来到这里，走进一个个真实的家庭，又会得出不同的结论。

在我看来，这里的简约，更趋近一种朴素的审美，并非因为物质的匮乏而生，而是源自对自然的敬畏和崇拜。在设计上减少浮夸，对自然退让，顺势而为，物尽其用——从国王的城堡到平民的房屋，从老物件到新设计，这已经成为一种融入血液的文化，而这种朴素感和商品的价格并无直接的关联。

所谓"冷"，更多的是人们从视觉上得到的感应，但当你使用这些设计，生活在其中，感受到它的方便和体贴，感应到它和自然息息相关的关系时，"冷"的实际感受其实是一种"暖"。

就像那些四白落地的墙壁，那些平铺直叙的木框书架，是为上面展示的画作等艺术品和书籍让位，把精彩的一面留给丰富的主体；那些线条简单硬朗的灯具，单独看那么孤独冷漠，但在暗淡的北欧，每一个家庭都会用到无数的灯源，组合时方能体现出每一件产品设计"恰到好处"的尺度。

那天拍摄结束后，天色已暗了下来。我们站在码头，等待唯一一班路过

生活，朴素且散发光芒

小岛的航船。岛上的风从各个方向吹来,寒冷渗入每个毛孔。前面是不断拍打的海浪,背后是枝蔓横生古老的丛林。人,微不足道。在这种境遇中,也就很容易理解北欧人对家的眷恋和狂热,在决绝的自然面前,至少还有一盏温暖的灯,等着自己。

这时凯瑟琳娜拉开码头上一间小木屋的门,原来这里是专门为旅客等船而修建的避风小屋。小木屋里只有一排简单的座椅,一扇看得见码头的小窗。座椅旁的墙壁上安着一盏小灯,正散发着温暖的光芒。坐下,抬头看去,在门两侧狭窄的墙上,还用原木钉了两排书架,放着整整齐齐十几本书籍。有了它们,再漫长的等待,也会是一段安静而暖心的阅读时光吧。

终于,船如期而至。

走出木屋,踏入船舱,凄冷瞬间被隔在舱门之外。船上有老人、孩子、狗,暖色的灯光和咖啡的香味,不禁令人感慨,所有的忧虑,都会因为恰到好处的"暖"被瞬间化解。

简约生活

所谓"北欧式的幸福"，很大程度上在于追求生活的简约。这种简约和朴素，并非物质的匮乏，而是在基本生活富足后，崇尚的一种告别繁杂、回归简单的生活态度。

汽车对北欧人而言并非身份的象征，而仅是代步工具。从选择小型经济型汽车，到不开汽车，改骑单车，不仅简化了生活，也达到了健身和环保的目的。

生活崇尚节俭，用旧物，东西坏了选择修理而非抛弃，这是一种物尽其用的追求，也是对自然的维护。

注重个性，追求多元化选择，也让北欧人更注重设计而非品牌。人们购买物品是因为看重其设计和实用价值，而非炫耀。同时，人们也不会因为品牌而"另眼相看"。在这种良性循环下，生活更能回归本真的追求，去除虚荣带给人不必要的桎梏与负担。

仪式感，让家更有温度

如果你在 12 月来到瑞典，一定会注意到每家每户的窗子。那些窗户都是透明的，不会被窗帘遮挡。窗子前，摆放着闪闪发光的电子烛台、散发着温暖灯光的小台灯，有的还挂着各种造型的节日装饰纸灯笼。星星点点的光亮连成一片，让行走在北欧寒冷黑暗街头的人们不再感到寂寞。

为了这本书的拍摄和深入访问，我和置爱团队的同事几次来到瑞典，其中一次便特地选在了冬天。那次我们租住的公寓位于斯德哥尔摩市区。当我们爬上楼，按提前和房东约定的方式找到钥匙，拧开门锁，推门而入的一瞬间，跃入眼帘的是屋内窗台上亮着的台灯和闪耀着的灯串，顿时觉得又温馨又惊喜。这仿佛是一种专心的等候，对我们伸出双手说，欢迎回家。这小小的仪式感格外动人，即使是从异国来的旅人，也感受到了一份来自北欧式家庭的温暖。

到了 12 月，斯德哥尔摩的天气又湿又冷。白日短暂，黑夜漫长。这时

生活，朴素且散发光芒

候格外需要一些愉快和温暖的东西来抵御寒冷，振奋精神。而此刻，家家户户已经进入了圣诞月的倒计时，摆放在屋内的姜饼屋、圣诞倒计时蜡烛以及其他各式各样的圣诞装饰，都提醒着人们，一年之中最重要的欢聚时刻就要来临。

瑞典人十分重视节假日，尤其是传统节日。无论年轻还是年老、单身还是已婚，都认真且有仪式感地过节，似乎是一种代代相传的传统。在那个圣诞节前夕，我有幸和凯瑟琳娜一起参加了她一位老友的圣诞热红酒家庭派对，让我更深刻地体会到仪式感给家庭带来的凝聚力和欢乐。

克努特（Knut）和耶德（Gerd）的家位于斯德哥尔摩附近的一片别墅区，他们在这栋房子里已经居住了二十五年。耶德是一名建筑师，克努特则经营着自己的生意。他们的两个儿子和一个女儿都已经成年，大儿子有了自己的家庭，但和父母之间的关系依然亲密，几乎每个节假日都会在一起度过。每年圣诞节前举办热红酒派对（glögg party）是他们家的传统，一家人会聚在一起准备食物、酒，装饰房间，以最大的热情招待亲朋好友。其中最有仪式感的环节莫过于一家人一起郑重其事地点亮房门前圣诞树上的彩灯，开启一个幸福甜蜜的传统节日。

门铃按响，女主人热情地把我们迎进房间。一家人此时正在大厨房里分头准备食物。女士们穿着高跟鞋、小裙装，化着精致的妆容，男士则穿着整洁的衬衫、羊绒衫，彬彬有礼，带着灿烂的笑容。厨房里一派热腾腾的景象：

生活，朴素且散发光芒

绿色提篮里装满了银色的刀叉,红色的自助餐盘一摞摞摆放整齐。厨房中岛上,准备好的食物上盖着银色的铝箔,两只高高的玻璃花瓶里插着盛开的朱顶红和染成白色的枝条,让人感受到浓浓的圣诞气氛。

还有蜡烛,随处可见的是插在银质烛台、古董烛台中的长蜡,或安放在各色水晶烛杯里的茶蜡,在明亮或幽暗的氛围中,烛光点点,营造着美妙又欢乐的氛围。

在斯堪的纳维亚的12月,举办一个热红酒派对是非常常见的。一个热红酒派对通常会邀请几十甚至上百人,大家都站着吃东西,热烈交谈,所有的食物和酒都是自助式的。

典型的瑞典热红酒是将干红葡萄酒、白兰地或伏特加倒入锅内用中小火加热,并按顺序放入肉桂、小豆蔻、丁香、蜂蜜,擦入橙子皮。根据自己的口味控制加热时间,一般五分钟即可,然后用过滤网将饮品倒出。将煮好的热红酒倒入带把的透明玻璃杯中,根据个人喜好加入适量的葡萄干和去皮的杏仁,配着姜饼品尝。散发着浓浓肉桂香的热红酒是瑞典人最喜爱的冬季饮品,尤其是圣诞节期间,既能驱寒,又给冬日带来一些温暖和甜蜜。

克努特和耶德家的热红酒派对,每年准备的流程几乎一致,他们早就谙熟于心,从容周到。传统的热红酒当然是派对的主打饮品,但他们也会准备很多种不同口感的葡萄酒来招待宾客。食物则有制作精巧的传统三文鱼、虾、

生活，朴素且散发光芒

各种肉类、奶酪、姜饼、巧克力和糖果。在一个瑞典式的 Glögg 派对上，最吸引人的是饮品和布置，至于具体吃什么其实没那么重要。也正是因为这样，你会在房子里看到处处用心的装饰，那些随处可见的鲜花、风信子、白色苔藓，那些精致的银器、瓷器和圣诞摆设，无数种款式的烛台和点燃的蜡烛，每一件物品都体现出主人的用心与品味。

当热红酒的香气弥漫开来时，客人越聚越多，人们纷纷带着圣诞礼物和各种话题欢聚在一起。凯瑟琳娜说，这里也是她年轻时住了近二十年的地方，当时很多好友的家就在周围。他们在这里生活了很多年，一直到孩子们都长大了，搬走了，老朋友们才纷纷卖掉了别墅。有的到市中心购置对老年人来说生活更方便的公寓，也有一些移民到温暖的国家，像西班牙、葡萄牙和泰国……北欧是一个需要与人拥抱取暖的地方，更是一个要懂得给自己搭窝筑巢、创造温暖和美好的地方。

透过玻璃窗，我看到夜空清朗。周围的每一栋房子都像童话中的小屋，闪亮的是房屋上装饰的灯串，是窗前的蜡烛与星星纸灯。夜空中，有大片大片的白云在匆匆行走，更远处，是连成一片暖色的灯火。在这寒冷而漫长的北欧冬夜，人们用醇香的酒与对每一日生活的热忱，创造出一种北欧式的幸福。

仪式感

如前文所述，进入 12 月，瑞典家家户户都会有圣诞月的倒计时，会有倒计时蜡烛，也会有热红酒派对。每年 12 月 13 日的瑞典圣露西亚节属于瑞典人专门创造出来的"迎光节"——过了一年中黑夜最长、白昼最短的一天，郁闷悠长的黑夜就会一日短过一日了。所以在这一天，瑞典全国的各所学校和教堂都可以看见身着白色长袍、手持蜡烛的儿童们，簇拥着一位同样身着白色长袍、头戴金色蜡烛花冠的"露西亚女神"，在北欧冬季寒风凛冽的夜色中一起歌唱，一起迎接光明。

瑞典人很重视节日的仪式感，此外，复活节的树枝和鸟蛋、仲夏节人人头顶的花环、小龙虾节的纸灯笼和帽子……无论孩子还是老人、男人还是女人，人人对过节都有一种满满的、认真的仪式感。

除了节日，日常生活中开启清晨的一杯咖啡、半小时阅读时间、Fika（详情见P171）的二十分钟、睡前亲子阅读半小时、全家一起奔赴度假屋与自然相处一个夏日、去世界各地旅行的冬天……瑞典人用认真的态度给自己的生活划出很多"特别时间"，每一种特别时刻，实际上都是对平凡生活的改变和新的发现。

2月的奶油杏仁蛋糕，5月6月的草莓、新土豆和芦笋，8月的小龙虾、臭鲱鱼，9月的苹果酒，10月的肉桂卷，12月的露西亚藏红花面包和热红酒……瑞典人的餐桌上也都是五花八门的小确幸。特别的食物，配上漂亮的餐桌布置、老祖母留下的瓷器、餐巾，无论多么暗淡的时刻，也会被这样的氛围点亮。

在我们看来，北欧是个苦寒之地，但越是在严酷的气候中，人们越会铸造自己的理想国，正是这些串联生活的"仪式感"，让人内心可以时常感受到美好切切实实地存在。这不是为了活给别人看，而是让自己的心真切地感知生命，只有拥有这种丰富的感知力，才能摆脱生活表面的相似，从平凡苦闷中跳出来，让日子闪耀出火花，感受幸福、喜悦和美好。

华裔摄影大师的瑞典式幸福

和李亚男见面那天，恰好下了一场大雪。他背着相机，带我们从斯德哥尔摩公共图书馆走到市中心，从市政厅到一处可以俯瞰城市风景的小山上。一路上他走走停停，随意地用镜头捕捉着吸引他的影像。在这座城市，他已经生活了十五年有余，很多全球流传甚广的斯德哥尔摩"代言照片"，都出自他的镜头，但他依然可以从这里的每一天中找到不同的发光点。

"李亚男"这个名字所跟随的是一连串光环和荣耀——诺贝尔颁奖典礼及晚宴指定摄影师、瑞典王后钦点御用摄影师、哈苏相机特别赞助摄影师、斯德哥尔摩省政府官方摄影师、世界杰出华裔青年……这一长串定语背后，隐藏着他一段段曲折而精彩的故事。

1999 年，26 岁的李亚男赴瑞典留学。初到瑞典，北欧无边的暗夜就给了他当头一棒，陌生的语言也带给他巨大的孤独感和困惑。离开北京前的他，在摄影圈已经闯荡出了一片自己的天地。他和朋友一起创立的"大旗摄影"被彼时娱乐圈一众明星追捧，而那一刻他却仿佛被困在黑暗中，看不到未来的方向。

但李亚男的性格中有一种天生的"死磕"精神，他先把专业从"欧洲文化专业"改为"摄影专业"，在哥德堡大学深入研读他所热爱的伯格曼电影语言与电影哲学。在学习之余，他还为自己争取了一份在市民学校当老师的兼职。在教老外炒鱼香肉丝和宫保鸡丁的过程中，开拓思路，把做菜当成副课，把主课变为了聊中国文化和电影。这不仅让他的瑞典语飞速提高，课程也大受欢迎。受欢迎到什么程度呢？就是当学校领导发现他持的还是学生签证时，为了留住他继续任教，便联名担保，为他申请到了瑞典永居！

对别人来说不可思议的事，在李亚男这个有想法敢实践的人身上，就仅仅是水到渠成。虽然在瑞典站稳了脚跟，但他从来没忘记自己的初衷。他来瑞典不是为了教老外做饭，而是摄影。于是他再次北上，从哥德堡到斯德哥尔摩，这对于他的人生而言，不是五百公里的距离，而是开辟了一个完全不同的时代。

在瑞典首都斯德哥尔摩，李亚男赶上了中国游客赴瑞典的热潮开端。他在市政厅谋得一份导游的工作，专门接待中国游客。这份工作看起来与他的"摄影梦"有所偏离，但他始终清楚自己终将驶向何处。

做导游的同时，李亚男随时随地透过相机拍摄着他眼中的市政厅。终于，他的才华被市政厅的领导发现了，于是李亚男很快从导游的位置被调到了交流部，开始了真正的摄影师工作——为市政厅拍照，并负责建设斯德哥尔摩市的图片库。

在这个阶段，他还有一次重要的邂逅——遇到了未来的太太凯瑟琳（Catherine）。凯瑟琳当时同样任职于市政厅，说起来最初正是她作为面试官将李亚男招进来的。缘分就是这么奇妙，从此，李亚男不仅有了一位好妻子，更有了在事业上的坚强后盾。

没隔几天，在李亚男的家宴上，我便见到了凯瑟琳以及他们的两个女儿。在瑞典生活了十几年，李亚男的很多生活方式和观念已经入乡随俗。当他国内的朋友们讨论着诸如孩子的升学压力、职业压力、健康压力、各种贷款压力时，他在生活中奉行的却是"知足"的心态。虽然他早已功成名就，在瑞典摄影界有着不可撼动的地位，但他依然保持着最简单的生活。用他的话说，"没有车，可以给自己省很多事，孩子们按自己的兴趣发展，我们也不必干涉。社会有了基本保障之后，别的都是自己找的，知足，可能就是所谓的幸福"。

李亚男的家印证着这种知足的幸福。生活简单、家居布置简单，唯一与奢华有关的，是他工作室里的摄影设备，那些看起来很厉害的哈苏相机，是他职业生涯中的另一段传奇。

李亚男拍摄的家人度假照片

继续李亚男的故事。从导游变为摄影师后，他的职业方向终于回到了正确的航线上。这时，他心里对哈苏相机的爱，也萌发出新芽。买是肯定买不起的，那能不能说服哈苏赞助他呢？

李亚男拨通了哈苏的电话，可想而知，拒绝来得简单直接。哈苏从来没有赞助过任何摄影师，更何况是他这样一个无名小卒。但李亚男身上死磕的劲头又来了，他每隔一段时间就打一次电话，到第十个月，接电话的人心态崩了，说："好吧，我们给你一个小时的时间，你带着作品来吧。"

所有改变命运的时刻都是这样奇妙，一小时变成了五小时，一个人看变成了哈苏高层聚集在一起看……就这样，仅仅一周后，一套哈苏相机就摆在了李亚男办公室的桌子上。33 岁的李亚男成了哈苏唯一赞助的摄影师。而他用这价值连城的设备拍摄的照片，也成了斯德哥尔摩市政厅对外宣传中有史以来最棒的作品。

就像李亚男自己所说，职业上，他一直努力做到自己能做到的最好。随后，他成为诺贝尔奖指定摄影师，也是中国国家领导人访问瑞典时大使馆特邀摄影师。他拍摄的瑞典诺贝尔桂冠诗人托马斯·特朗斯特罗姆（Tomas Tranströmer）的照片被公认是最具其神韵的照片，在诗人去世后被当作遗像，并登上了瑞典中学教材的封面；他镜头下的希尔维亚王后高贵仁慈，使他成为御用摄影师并跟随王后参与拍摄无数活动……

李亚男拍摄的家人度假照片

2017 年年底，李亚男以"米勒斯的四季"为主题拍摄的作品，在瑞典米勒斯雕塑园内永久性展出。影展开幕当天，希尔维亚王后亲临现场剪彩，从而也为李亚男的米勒斯系列作品打上了不可磨灭的经典烙印。

在李亚男家中，我们翻阅着他的《米勒斯的家园和艺术》（*The Home And Art Of Carl Milles*）一书，体会着他视角中独树一帜的审美趣味。而那一刻，李亚男正一头扎在厨房里煎炒烹炸，为招待我们而亲自下厨。这其实也是让我们充满期待的事，毕竟在见他之前我就知道，20 世纪 90 年代初，二十出头的李亚男曾是北京亚运村康乐宫最年轻的厨师长！

当然这是"摄影大师李亚男"的前传。出身于书香门第的李亚男年少叛逆，本应是顺风顺水的求学之路，却偏偏学厨做了厨师。但这也为他后来的故事埋下了伏笔。当他明确摄影之梦后，果断弃厨学文，重新高考，第二年便一举考入了北京师范大学的影视制作专业。不得不让人感叹，真是只有他不想做的事，没有他做不到的事。

那一晚，家宴主菜是李亚男煎得恰到好处的牛排，凯瑟琳煮了热红酒，引得我们一众人啧啧称赞。在瑞典成家立业生活多年，李亚男已经不太习惯回到北京那种"被人潮推着走，停不下来"的节奏，但作为外国人，他也并非能完全顺利接纳瑞典的生活方式，同样在一点一点地适应。

刚结婚时，几乎处处是问题。"但我脸皮厚，自知理亏，多问，退半步。"

李亚男作品

这样一点一点磨合下来，到现在，他和太太已经形成了一起探讨、沟通的顺畅交流模式。有时他依然需要退半步，比如每年夏天，凯瑟琳像所有瑞典人一样必须到乡下去，整个假期都和孩子们一起在山水间种菜、伐木、采蘑菇、采蓝莓。自幼没有这种生活底蕴的李亚男觉得枯燥至极，但还是咬牙全程陪伴。直到试着和太太商量，太太也大方地退了半步，变成全家一起开启假日，中途他自己回城放风，然后再去圆满收尾……

对两个女儿，他鼓励她们凡事要有自己的观点和看法，不过多干预，只是以身作则，默默将自己的工作处处做到极致。李亚男说，在这一点上，我可以在她们身上看到我的影响。

瑞典人特别在意工作和生活的平衡，但作为摄影师，李亚男经常忙碌得无法控制工作时间。他说，做饭，就成了他一直以来表达爱的重要方式——努力每天赶回家做好饭，不能赶回来，就提前做好。

"有时间，用心的时候，不管做点儿啥，都会引得她们哇哇哇地一片叫好，但吃货们也是越来越刁了，稍有糊弄，现在就会被严厉批评……"说到这儿，李亚男眼睛里露出一弯笑意。

知足常乐

瑞典式的知足常乐根植于一种全社会的平等精神，你可能在公交车上邂逅首相，也有可能在排队的行列中看到王室成员。挣钱多的缴税多，社会贫富差异的弱化让人们忽略去攀比财富，而是更注重过好眼下的生活，实现个人的理想和人生意义。

社会制度和管理机制的高度透明化也让人们更珍惜个人信誉和名誉，做到诚信、遵守社会规则。在这种文明度极高的社会基础上，人们对自我价值的思考、生活的追求都会变得平和而本真，不过度追求物质，不盲目攀比，讲求生活与工作平衡，形成了北欧式的"知足常乐"。

老夫妇的温暖之居

　　拉尔斯（Lars）和伊娃（Ewa）是一对退休的老夫妇，在这间公寓里，他们已经居住了十五年之久。退休前，伊娃在北欧航空工作，她从一名空姐做到乘务长，在空中飞来飞去度过了三十五年的时光。而拉尔斯是一位广告人，他亲手创立的布林德福斯广告公司（Brindfors Advertising Agency）从 20 世纪 70 年代末到 90 年代，在斯堪的纳维亚半岛一直是行业龙头。

　　孩子还小时，他们一家人住在一栋别墅里。随着两个女儿长大成人，相继有了自己的家庭，他们也卖掉了别墅，搬到了市区对老年人来说更方便、更热闹的地方，老两口的生活也变得更加轻松简单。瑞典人的家庭关系相比我们更加独立、分明。老年人享受着高福利国家给予他们丰厚的退休金和服务保障，不需要依靠儿女便可以轻松过着体面而有尊严的生活。孩子长大成家后，也不存在老人帮忙带孩子的传统，当然祖父母对孙辈同样有着无尽的关爱和照顾，但这并非彼此的义务。老年人有自己的生活方式和规划，就像

拉尔斯和伊娃这样。

平日里，夫妇俩喜欢把家布置出自己的风格，一方面，他们喜欢传统家具，也格外珍爱那些祖辈传下来的家私；另一方面，他们又关注着当下全新的斯堪的纳维亚设计，并不断从旅行中觅得一些令人心动的带有异域风情的好物，希望自己的家可以兼顾传统与现代，有自己独一无二的风格。

所以在这间公寓中，你可以看到瑞典家庭都有的红色传统纹样的短绒羊毛地毯、舒适的布艺沙发、蜂蜜色中古家具，也可以看到意大利的 Arco 钓鱼灯、谢勒·英格曼（Kjell Engman）为瑞典水晶品牌珂丝塔（Kosta Boda）设计的系列烛台……夫妻俩都热爱艺术画作的收藏，像很多瑞典人一样，他们的"奢侈"并非购买名牌包和鞋子，而是拥有艺术家的作品。悬挂在客厅墙壁上的一幅油画是瑞典色彩大师利奥波德·法勒（Leopold Fare，1926—1996）的作品，另一幅抽象裸体画则出自另一位瑞典著名画家奥利·卡卡斯（Olle Kåks，1941—2003），此外还有一幅很小的美国艺术家舍宾斯基（Schepinsky）的画也令他们颇感得意。

我们去拜访时，恰逢圣诞月。在拉尔斯和伊娃的家里，也有着浓浓的圣诞氛围。窗台上，是各色玻璃烛杯和可爱的小天使烛灯，茶几上，摆着用白色苔藓装饰的圣诞倒计时蜡烛。每个瑞典家庭都有这样一组蜡烛，12 月伊始，每周点燃一支，一直到圣诞钟声敲响。

　　伊娃最爱的是她的餐厅。餐厅正中的椭圆形木质长桌上悬挂着古典水晶灯，这让整个空间的氛围也颇为古典、传统。一面墙上挂着一幅巨型织锦挂毯，画面和色彩让整个空间充满了温暖色调。对面是一整面书墙，整齐堆满的书籍承载着家庭成员的阅读乐趣。房间一角摆放着一面古董镜，金色的镜框上有着精美的雕花，和墙上挂着的大大小小古典风格的画作相映成趣。伊娃在这里招待朋友，和他们共度下午茶时光,到了圣诞，女儿们就会携家带口，在这里一起欢聚。给全家人的礼物、丰盛的美食、漂亮隆重的圣诞餐桌布置，对伊娃来说都是圣诞节不可缺少的仪式感。

让我印象深刻的还有拉尔斯和伊娃的厨房。浅色调的厨房干净、明亮，一张老式的小木桌依墙而设，桌子背后的墙角有一排纵向梯状木质书架，上面是他们经常翻阅的书籍、杂志和菜谱。这里也有很多温暖的灯光，餐桌上北欧风格的吊灯、窗前悬挂的圣诞北欧之星纸灯，还有各式各样的烛台，给小小的空间增加了无穷氛围。

老两口每天在这里一起吃早餐、喝咖啡，一边各自翻着喜欢的书一边轻松地聊着天。桌上的古董铜烛台跳跃着烛光，厨房阳台的窗外是斯德哥尔摩的红砖建筑和碧蓝的天空。

灯和阅读

瑞典的夏日，三点便已拂晓。而冬季，下午三点就已入夜。这样极端的自然条件，让这个国家的人对光线格外敏感，家家户户的灯光布局，都非常丰富而巧妙。

人们擅长用灯做装饰。无论是冬日街头的灯光装置，还是五花八门的艺术街灯，或者家家户户窗台上摆放的电子烛台、小灯串和节日纸灯装饰，都让在寒冷冬夜行走的人得到一份温暖和安慰。

在家庭中，多光源设计也是普遍采用的方式。台灯、落地灯、壁灯、吊灯，通

过不同的灯光营造室内氛围和层次。这些小小的灯饰增强了人们生活中的幸福感和对家的依赖。

与温暖灯光相匹配的是，灯下的阅读时光。

所有爱书的人都有一个梦想，就是拥有一屋子的好书。有人觉得实现这个梦想的前提是要有一座大房子，其实不然。真正爱书的人需要的只是一个读书的角落。

在我们所拜访的每一户人家，家里一定会有的就是书架。无论是一面完整的书墙，还是分散在室内各个地方的小型书架，方便阅读，让阅读融入生活，是一致的目的。

阅读空间在北欧家居设计中的地位和全民皆爱阅读的生活方式息息相关。这和北欧人自幼养成的阅读习惯密不可分。亲子共读习惯、从小的睡前阅读时光、学校的读书会、家庭的读书氛围……这些都让每个人养成了良好的读书习惯。而在成人的社交生活中，诗歌朗诵会、读书分享会也是大家喜闻乐见的活动。在瑞典，如果你接到一个生日派对的邀请，那这多半天的活动，除了开香槟、吃蛋糕和自助美食外，很可能包括诗歌朗诵、美声独唱、民谣、看画等人文气息浓郁的环节。

从读书口找到求知的乐趣、独处的乐趣，拥有超脱于物质的精神快乐以及和人交流的深度话题，是增加生活质感和幸福度的最佳方式。

让生活朴素且有光芒

阿斯特丽德·西尔万（Astrid Sylwan）的工作室位于斯德哥尔摩近郊，在临湖的山坡下，由一处被烧毁的约 350 平方米的船坞改建而成。我们拜访她的那天，天正下雪，山坡、树木、船只均被白色覆盖，湖面是一片深灰。这座橘红色外墙、黄色门窗的房子从外观看没有任何特别之处，也没有任何标志。门铃按响，门一开，看到阿斯特丽德一张灿烂明亮的笑脸，她随意梳拢的花白头发，雪白的牙齿，发光的面庞，仿佛一下子照亮了这个阴雪暗淡的天气。她身着黑 T 恤，一条沾满颜料的工装裤，赤脚。她伸出手，带我们进入了她朴素而又充满色彩与光芒的世界。

阿斯特丽德·西尔万是 1970 年出生的瑞典画家。如果你来到瑞典，可以在瑞典城市于默奥（Umeå）东站的地下通道里看到一幅三十米长的彩色瓷砖壁画。这是她曾获过奖的公共装饰作品，绚丽明亮的色彩，照亮了这座北欧城市。而在素有"世界最长画廊"美誉的斯德哥尔摩地铁站台上，也出现了阿斯特丽德的作品。这组题为"Skies"的瓷砖装饰画，把阿斯特丽德的

该图片由阿斯特丽德提供

艺术带入了更多人的视野。

阿斯特丽德这座船坞改建的房子一共两层，能在寸土寸金的斯德哥尔摩拥有面积大、风景佳的一个空间，连阿斯特丽德自己都觉得不可思议。

"当时这个船坞的主人邀请我来看，问我愿不愿意把工作室搬过来。那时候，这个房子还完全不是现在这个样子。这一整面墙都是没有的，因为要方便吊车把船吊进来。"

顺着阿斯特丽德手指的方向，我看到临窗是一个小小的工作区域，白色的大桌子、矮柜，桌子上白色的台灯和苹果电脑像一种单纯的底色，映衬得阿斯特丽德的手绘彩色玻璃窗格外绚烂。这扇手绘玻璃窗上的色块图案出自其"Skies"系列作品。书桌后的白板上贴满了阿斯特丽德两个女儿的照片，墙上的画框里也是小朋友的画作。

一楼的空间很紧凑，工作区域之外，是一张木质餐桌以及她们的厨房和卧室。像很多瑞典人的家一样，空间的基调是简洁、朴素的，白墙、浅木色地板，没有任何奢华的装饰和家具，整个空间中最精彩的是主人收藏的艺术品。这些画作、装置中有阿斯特丽德自己的作品、女儿的作品，也有很多她收藏的其他艺术家的精品。

在工作区和餐厅之间比较宽阔的地面上，有一块大石头吸引了我的目光，

石头上摆放着一把银色金属咖啡壶，咖啡壶身倾斜着，用一种幽默的姿态和我们对视，这便是阿斯特丽德的艺术收藏之一。小小的厨房墙壁上，有一幅正方形的立体装置画，仔细看是各种颜色的意大利面交织在一起构成的。这些艺术品与生活场景混合在一起，释放着主人对艺术与生活无穷的热情。

顺着楼梯上到二楼，顿时眼前一亮。整个空间的色调依然是白色和浅木色，但布局十分开阔，占据半面墙的窗子让空间格外明亮。

二层的空间整体分为两大部分，一半是阿斯特丽德的画室，她的创作就是在这里完成的；另一半是由一个以沙发区和长木桌为中心的交流区以及一个小跃层空间构成的。墙壁上打着一层层的置物架，上面满满当当都是东西。桌面上、矮柜上、墙壁上，乃至房间的每个角落都有阿斯特丽德的众多收藏品，但奇怪的是你不会觉得凌乱。

这些艺术品中，有雕塑、画作，也有设计品如烛台、摆件，有在 loft 高墙上居高临下敝视众人的金色兔子，也有女儿做的彩色泥塑面具……在她看来，所有藏品中最珍贵的，绝对是雕塑家罗杰·安德森（Roger Andersson）以她的大女儿艾格尼丝为模特制作的木雕。艾格尼丝当时已 18 岁，而这件作品捕捉到的，是其 11 岁时的神韵，那个回不去的年纪，以艺术的方式得以永远留存。

然而，最吸引访客眼球的，无疑还是一个被阿斯特丽德压在手下的"小

112

男人"。

"来见见'我的男人',就这高度，我站累了正好可以撑撑手。"她笑道。

"哦——"

"不过他真的不是我的男人哦，只是一个艺术家朋友的作品。"阿斯特丽德显然看出了我们眼中闪烁的八卦光芒，立马主动撇清了关系。

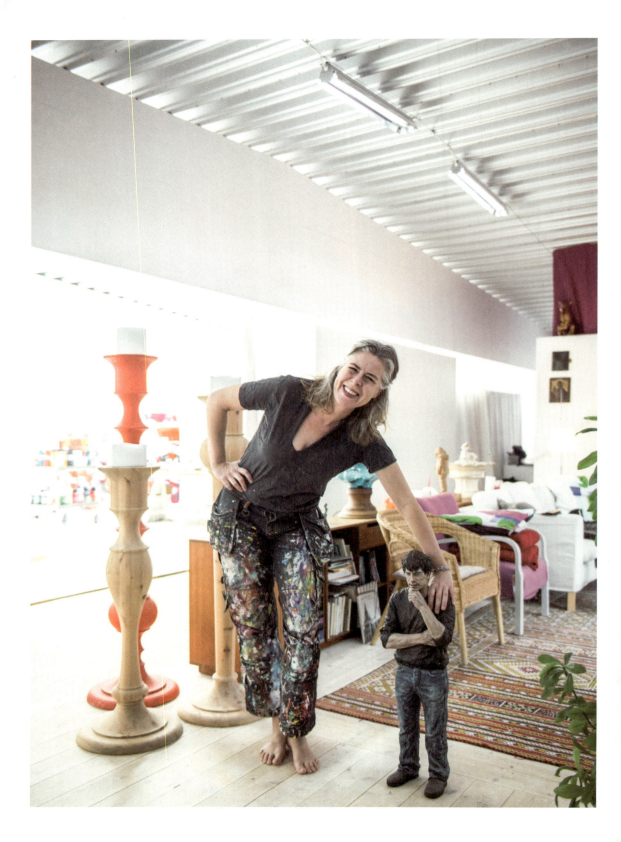

这个缩小了的男人雕像和旁边放大了的木质彩色烛台装置形成有趣的对比，让人一下子想到了《爱丽丝梦游仙境》，也让这个空间多了一丝魔幻的味道。

在她家中，你可以感受到一种既浪漫随性又十分有序的状态，每个细节都流露出女主人是个对自己生活有着强大掌控力的人。

这种强大的掌控力还体现在阿斯特丽德的画作上。当她带我们进入画室时，我的视觉感官完全被眼前的色彩引爆了。在这个宽敞的白色空间中，灯光是明亮到几乎刺眼的白光，那些巨幅画作——或倚墙而立，或平铺于地上，或堆放在角落里，无不散发着一种百无禁忌的明媚，色彩肆无忌惮地挥洒，像一段毫无预兆就闯入生命的恋情，像一朵朵正在绽放的焰火，极具感染力。

阿斯特丽德的色彩，便是她艺术的灵魂。她用自己的眼睛、心灵、头脑和双手，将那么多鲜亮而张扬的色彩驾驭得服服帖帖，不俗不躁，可以点燃激情，也可以放置梦想。她热衷尝试不一样的材料、工具和手法，把色彩在画布上一层一层地叠加、涂抹、刮擦。这往往会产生出其不意的效果，但也很容易失败，事与愿违，这便是对她控制力的一种持久不断的挑战与考验。

从其成长经历来看，阿斯特丽德一直是一个激情与持久共存的"长期主义者"。她从小就爱画画。19 岁在斯德哥尔摩现代艺术馆看丹麦画家佩尔·柯克比（Per Kirkeby）的画展时，她就明白了，自己这辈子，除了搞艺术，没有别的出路。

但艺术之路对她而言并非顺风顺水。阿斯特丽德用了十年时间，才考上位于斯德哥尔摩的瑞典工艺美术与设计大学（Konstfack）。从 19 岁到 29 岁，女儿都出生了，阿斯特丽德才梦想成真。

这十年，如果被看作年复一年的失败，自然很难熬。可阿斯特丽德倒是不急不躁，反正生活一直在往前走，考得上，考不上，她都在画着让自己觉得幸福的画，过着日子，打着工。服务员、清洁工、护工，她都干过，可因为有画画这件她热爱的事，也没觉得日子苦。

29 岁入学，34 岁毕业，这之后，她的职业画家生涯一帆风顺，迅速进入了状态。对阿斯特丽德而言，创作本身就是她生命的一种动力和灵感。她执着于色彩，用色彩感受着自己的情绪、生命与体验，她用画面记录着自己的时光——

下午的光洒进来，照在她珊瑚色的画面上，她看到这光线"把工作室变成了珊瑚礁、海洋和沙滩之间的一段时光"；圣露西亚节的夜晚，她以活力的橙色与薰衣草紫"欢迎光和夏日的回归"；在新冠疫情暴发的一年，她在复活节用明亮的黄色、珊瑚粉与红色呈现出重生以及"打破咒语祈祷新生"的愿望。她的每一张画作，都充满力量与想象，就像她自己所言：首先被治愈，然后便有了光芒……

艺术品收藏

在街上看瑞典人的穿着通常都非常朴素，羽绒服、冲锋衣、T恤、牛仔裤，很少看到名牌包、鞋子或最新款的苹果手机出现在他们身上。但来到他们家里，很可能一盏灯、一幅画、一把椅子都是不得了的大设计师或艺术家的作品。我们通常只在博物馆看到的雕塑、装置作品，也会在寻常的瑞典人家出现，让人不得不感叹，在艺术文化的鉴赏与收藏上，欧洲百姓确实有着不一样的基础和底蕴。

这种文化与欧洲遍布各处的大小博物馆密不可分。人们从小在博物馆中学习、欣赏，参观博物馆与寻常休闲无二，普通人对艺术的品鉴水平因此水涨船高，艺术也因此成了他们生活的一部分——用艺术品装饰自己的家，表达自己的品味与喜好，自然而然就成了一种风雅的生活方式。

在瑞典，艺术品收藏和我们国内的艺术品收藏不太一样，相对于我们的新贵阶层以升值为动力大手笔购买艺术品，瑞典更多的是平民收藏家。家家户户会在能力范围内选择自己心仪的艺术品作为装饰和收藏，更多是出于对艺术的欣赏和对美的迷恋。在他们看来，绘画、摄影作品、雕塑这些艺术品想表达的是生活的隐喻，是对生活意义的描述、提炼、回顾和思考。

大盛宴与小确幸

在世界美食版图上，斯德哥尔摩占据了很重要的一席之地。加之每年诺贝尔晚宴被全世界关注，颁奖礼晚宴的菜单和诺奖获奖名单一样高度神秘，都让这座新北欧高级料理殿堂散发出无穷魅力。在 2016 年诺贝尔晚宴的前后一周多时间里，我有幸拜访了两位诺贝尔晚宴大厨和一位瑞典厨师国家队成员，在深入了解和交谈中，意外地发现，原来这些曾深深一头扎进最繁华人间盛宴的人，最爱的却是烟火人生中的小确幸。

三位名厨分别是弗雷德里克·尤林（Fredrik Juhlin）、尼克拉斯·瓦尔斯特伦（Niclas Wahlström）和丹尼尔·罗斯（Daniel Roos）。弗雷德里克曾是瑞典厨师国家队成员，与凯瑟琳娜一起代表瑞典赢得过世界烹饪大赛 6 枚金牌。尼克拉斯则连续担任 2009 年、2010 年诺贝尔晚宴的主厨，丹尼尔是截至 2019 年（2020 年颁奖礼因疫情取消改为线上）、连续六年担任诺贝尔晚宴甜品师的英俊帅气的甜品王子。

　　我们从斯德哥尔摩坐一小时火车来到小城韦斯特罗斯（Västerås），尼克拉斯工作所在的市场前身是一座 20 世纪 30 年代的屠宰场，建筑风格低调而硬朗。这座市场集合了售卖各种食材、生活杂物的店铺和特色餐厅，人们在这里不但能用一顿纯正的瑞典料理满足口腹之欲，更能收获很棒的购物体验。

　　尼克拉斯热情地引我们参观了整个市场。只见一家挨着一家的铺子，售卖鲜肉、奶酪、香肠、咖啡、各种酒类、餐具……到处都是最鲜活生动的味道。自然而然，尼克拉斯和我们谈起当年主理瑞典人心中"最高级的晚餐"——诺贝尔奖颁奖礼晚宴的故事。

　　诺贝尔晚宴，有"宴会中的宴会"之称，每年 12 月 10 日席设斯德哥尔摩市政厅，约一千三百名客人盛装出席，享用精心烹制的三道式晚餐。

　　担任诺贝尔晚宴主厨真是一个极其艰巨的挑战。据尼克拉斯说，晚宴筹备期长达九个月，要考虑的事千头万绪，光食材的选择就有众多禁忌，还有众多物流技术问题需要解决。必须确认上菜的每一个步骤，明确两百多名服务员上菜的路径图，避免发生"撞车"的悲剧。更要保证一千多盘菜摆盘都毫无二致，以及菜品送达第一个和第一千个客人时，热度和湿润度都一模一样……

在尼克拉斯卸任诺贝尔晚宴主厨后，他还潜心研究了从 1901 年以来历年诺贝尔晚宴的菜单，并从中精选了五十道菜式，逐一详解原料及做法，出版了《诺贝尔晚宴：老菜单和新做法》（*The Nobel Prize Cookbook: New Recipes and Classic Menus*）一书，并一举获得 2016 年度"瑞典最佳烹饪书"大奖。

就在尼克拉斯侃侃而谈介绍诺贝尔晚宴时，一旁他的餐厅里已经传来了午饭的香气。那日的午餐有三种主菜：瑞典肉丸、鳕鱼和野猪肉。食客们已经纷纷排起了长队，刀叉声不绝于耳。这烟火气十足的景象，与尼克拉斯回忆中排场宏大、衣香鬓影的诺贝尔晚宴相去甚远。那么是什么让眼前这个有诺贝尔晚宴光环加冕的大厨，放弃大都市中熠熠生辉的舞台，来到这样一个接地气的市场里经营餐厅的呢？

尼克拉斯的回答非常"瑞典"：当然是为了家庭。

他说起自己当年在斯德哥尔摩老城的顶级餐厅当主厨时，如何度过了整整十五年每天只有工作的日子，虽然得到很多成长与成就，但这不是他想要

的生活。

他还记得，当他第一次完成诺贝尔晚宴之后，在酒店休息了一晚。第二天准备坐火车回家，但在火车站，却完全找不着北，只觉得整个人被掏空，脑子里一片空白。

所以当未婚妻怀孕后，他开始仔细思考的只有一个问题——希望自己的孩子在哪里长大？

瑞典人格外讲求生活中的"平衡"，一切都要做到不多不少刚刚好的状态。他们有一个专门的词语：LAGOM，说的便是这种凡事有度的状态。这也许就是瑞典人心目中的小确幸吧。功成名就与多金多财并不是他们追求的最大目标。相反，做好自己热爱的事，生活与工作达到恰到好处的平衡，才是他们所追求的幸福哲学。

所以，尼克拉斯只用了一瞬间便做出决定，他希望把他的家庭带回淳朴宁静的生活。乡村，农场，有羊，有田野，有湖泊，那才是完美的童年时光该有的模样。

他现在工作的这个市场距离居住的农场大约只有十五公里，两个孩子，在乡间愉快地成长着。他除了料理这家餐厅，还可以兼顾去附近的一所大学给学生们上课。生活简单而幸福。

瑞典人喜欢说，诺贝尔晚宴是"宴会中的宴会"，可对于这位曾两度站在金字塔塔尖的厨师而言，他所要的，也许不过是"平凡中的平凡"而已。

与尼克拉斯做出相似选择的还有瑞典厨师国家队成员弗雷德里克。和他见面的那天，他特意穿上了昔日厨师国家队的战袍，代表着一种不言而喻的骄傲与荣耀。

弗雷德里克像尼克拉斯一样，走过了极富挑战性的"名厨之路"。这世上任何通往成功与成就的道路都同样布满荆棘和曲折，需要付出极大的努力与天赋。但不同的是，这些取得了辉煌成绩的人如何对待后面的人生抉择，是继续迈向更辉煌的职业巅峰，还是去追逐生命中新的更重要的东西？他们用自己的故事写出了温柔的答案。

随着女儿的出生，弗雷德里克同样希望有更多的时间陪伴家人，他觉得人生的重点变了，所以选择是在自然而然中发生的。他不仅逐渐退出了瑞典厨师国家队，还开始潜心研究自己感兴趣的"味道"。

他开始像一位实验室研究员那样关注各种有趣的食材，特别是瑞典特有的森林里的各色蘑菇。他把不同食材与不同调味料放在一起进行腌制，尝试各种味道的可能性，再与料理创意结合。弗雷德里克带着女儿一起走进森林寻找食材，采摘、分拣、装瓶，再一起观察、记录。这不仅是专业角度的探索，也是一位厨师爸爸用心与女儿相处的方式。他希望自己的工作不是横在亲子

关系中间进行破坏的角色，而是能让女儿有更多机会参与和理解。

那天他兴致勃勃地为我们展示和讲解每一个瓶瓶罐罐，讲述某种食材在怎样的自然环境中生长，他和女儿又是在一个怎样的天气穿着什么样的行头完成采摘工作……一幅幅画面伴随着不同的味道，是我们脑海中的无限想象，却是他们心中永恒的关于成长、关于生活的记忆。

另一位诺贝尔晚宴甜品师丹尼尔·罗斯是一位"明明可以靠颜值，却偏要靠才华"的现实演绎版名厨。他除了前后执掌了六年诺贝尔晚宴的甜品设计制作，还曾在 2012 年作为瑞典国家厨师队的一员获得世界厨艺大赛冠军，并曾为瑞典的维多利亚王储在 2010 举行的世纪婚礼制作婚礼蛋糕。在一路高开的职业生涯中，他同样遵从自己的兴趣做出了不一样的选择。

丹尼尔的甜品设计从视觉上看非常具有个人特色，线条简约现代，具有一种波普艺术段的明快风格。至于口感，在 2016 年诺贝尔颁奖晚宴结束后的第三天，我便在丹尼尔·罗斯的餐厅 K-Märkt 里尝到了同款甜品。

这款复刻版诺贝尔甜品在造型上与晚宴现场版不同，采取了简约方便的玻璃杯来装盛。但用料与原版一致。品尝一下，是一种层次丰富、酸甜适中、兼顾绵软与香脆的味觉体验。更重要的是这款"诺贝尔甜品"的价格相当亲民，仅售 79 克朗（约合人民币 60 元），可以想象，在餐厅中基本上是出炉一盘瞬间卖光的节奏。

　　这家有诺贝尔甜品王子光环加冕的 K-Märkt，也并非一家高级餐厅。它是一家类似宜家食堂的专门供应午餐的餐厅，供餐方式更是非常粗犷的"论斤称"，即顾客自助取食后，按每 100 克 27 克朗的标准计价。

　　在瑞典，午餐对上班族而言，不仅食物简单，价格也便宜。K-Märkt 所秉承的理念，就是要让大家能够用比较低的价格，认认真真吃上一顿大厨烹制的午餐。

　　在餐厅里，除了甜品王子丹尼尔外，女主厨汉娜（Hanna Normark）和品酒师延斯（Jens Dolk）同样名声在外，三个年轻人合作创办的这家餐厅获得了"全瑞典最好的托盘午餐"的赞誉。

生活，朴素且散发光芒

在 K-Märkt 吃一顿荤素搭配、有机又营养的午餐，人均消费约为 100 克朗。而且这些菜肴，并非名厨挂名指点，而是他们亲手在厨房里烹饪出来的。就像我们去的那天，仅仅是诺贝尔晚宴结束后的第三天，透过餐厅面包房的透明玻璃墙，我们就看到了丹尼尔专注工作的迷人模样。

做喜欢的事，成就自己心中的意义，并享受这个过程，恐怕就是瑞典人心里最看重的小确幸吧！

生活，朴素且散发光芒

LAGOM

　　每种文化中，都有很难确切翻译的一些词，在瑞典语中，LAGOM 就是其一。它可以翻译成"不多不少，刚刚好"的一种生活态度，是一种平衡中寻求幸福的状态，也是一种既慷慨又克制和追求"万事进退皆有度"的主张。

　　LAGOM 存在于生活的每个细节中，比如在公共领域里不越界不浮夸，不给别人添麻烦，给彼此留出足够的空间和边界是一种 LAGOM；就消费观念而言，不过度消费，不被买买买控制了心智，少买点，买好点，是一种 LAGOM；推崇有历史感的旧物，物尽其用，东西坏了坚持维修继续使用是一种 LAGOM；旅行中选择心仪的目的地，但不追求头等舱、豪华酒店和购物，只求旅行体验也是一种 LAGOM；在工作中，重视工作时间，提高效率，不让工作侵占家庭时间，是一种 LAGOM；做好自己，不和人比较，是一种 LAGOM；工作是为了更好地生活，做自己真正喜欢的事，通过工作让生活变得更好，而不能本末倒置，也是一种 LAGOM……

　　LAGOM 其实也像我们中国人所奉行的"知足常乐"的精神，保持生活的可持续性，不追求过度的享乐，推崇自然、环保、简约的生活方式，"刚刚好就是最好"是瑞典式幸福中的核心精神。

摄影：曾焱冰

该图片由乌尔丽卡提供

一间不断更新的老公寓

这是一栋很有历史的公寓楼，始建于 1928 年，是瑞典著名建筑师斯文·马克柳斯（Sven Markelius）在斯德哥尔摩设计的第一座功能主义建筑。斯文·马克柳斯的建筑设计对瑞典乃至世界都有很大的影响。在 1930 年前后，马克柳斯做了很多实验性的建筑设计，其中就包括眼前这栋楼以及斯德哥尔摩理工学院的学生宿舍、纽约世界博览会的瑞典馆等。

我们拜访的这户人家已经在这栋近百年的公寓楼里住了二十年。这是一个四口之家，乌尔丽卡（Ulrika）和罗班（Robban）夫妇都是时装设计师，他们有两个还在上大学的儿子。这座有历史的房子与他们夫妇的审美非常契合，所以他们对这个家格外珍视。

走进罗班的家，第一眼你就会惊讶于他们居然用白色的正方形瓷砖做出门厅走廊的墙壁，这种一般被我们用在厨房和卫生间的装饰材料也可以如此酷且有型！

公寓的空间十分紧凑，在罗班和乌尔丽卡的设计装饰之下，每一步都十分精彩。

在连接两间大起居室和厨房的纵向走廊中，可以看到这对夫妇无数的艺术品收藏。其中包括摄影作品、画作、装置品。挂在门廊上的一个圣母雕塑吸引了我的目光，罗班告诉我，这个小雕像来自瓦兹托纳修道院，这座修道院是圣比尔吉塔于 1384 年建立的。

收藏有历史的古董物件，是他们夫妇生活中的一大乐趣。起居室墙壁上悬挂着的满是斑驳锈迹的铁皮镜框改造自废旧的汽车材料。厨房里一块写着数字 104 的标牌是一个老火车站的站牌，而 104 则是小城市诺拉（Nora）的代号。厨房里的白色陶罐花瓶来自 20 世纪 40 年代的陶艺品牌乌普萨拉 - 埃克比（Upsala-Ekeby），是由设计师安娜 - 丽莎·汤姆森（Anna-Lisa Thomson）亲自设计的。这个花瓶上有鱼和海星的浮雕图案，是女主人乌尔丽卡的最爱，为此，她特地在摆放花瓶的角落布置了一盘贝壳作为呼应。

两间相望相通的起居室布局简约而不失细节。一间是明亮的白墙，另一间是暗夜蓝色的墙壁。色彩给空间最直接的印象，带来不同的气场与性格。

白色房间中最惹眼的是一张用旧木板做桌面的桌子以及对面墙壁上新锐

艺术家艾玛·伯恩哈德（Emma Bernhard）的画作。东西很少，但一把椅子、一个花盆、一盏台灯都不乏精致，每一件东西都可以讲出长长的故事。

蓝色房间的风格更工业化、更硬朗。在这里，你会发现瑞典人在家居布置中非常善于运用光源——复古的落地灯、工业感的金属吊灯、特别设计的红色长臂灯，让空间丰富而温暖。北欧出于自然原因，冬天白日短暂，夜晚漫长，人们对"光"的捕捉格外敏锐。每一家的光源设计都非常周到细致，除了各种各样的灯，千奇百怪的烛台也是北欧人家必不可少的日用品之一。

通往几间小卧室的门廊也同样被主人精心利用起来。他们将这里设计成

生活，朴素且散发光芒

了一个小小的家庭图书馆。阅读是北欧诸国子民的至爱，无论在火车上、咖啡馆、候车厅、公园座椅上，还是任何时间的缝隙里，人们拿着一本书阅读的画面随处可见。每个瑞典家庭都会有若干或大或小的书架，这些书架贯穿整个居住空间，呈现出的是一种生活状态，阅读不是功课不是点缀，而是生活必要的内容之一。罗班和乌尔丽卡所设计的这个阅读空间幽暗而舒适，灯光温暖，是这整个公寓的核心，与所有房间相连，可见其重要程度。

前文写道，这间公寓每步都精彩，确实没有言过其实。他们的厨房同样让人迷恋。白色瓷砖和不锈钢台面的结合本是很硬朗简约的底子，但在这底色上，黑色的女神雕像、超大尺寸的钟表、墙上的画作、海报、悬挂的骨骼装饰、摆放于桌面的石雕泥塑等无不吸引人的注意，让人觉得这里不只是一家制作和享用食物的厨房餐厅，而是一个坐下来、喝一杯、慢慢享受生活中一切乐趣的所在。

罗班和乌尔丽卡将自己对艺术、设计的爱全部融入生活之中，在这间老公寓里，焕发出无限的热情。乌尔丽卡说公寓里的许多艺术品都来自画家等艺术家和他们的摄影师朋友，她喜欢被自己所欣赏的人的作品包围。同时，她和丈夫也从未间断过寻找和发现新的吸引他们的东西——他们刚刚订购了一把由英国设计师费伊·图古德（Faye Toogood）设计的黑色椅子，还买了一盏 20 世纪 70 年代风格的丹麦贝壳灯，这盏灯是由丹麦工业设计大师维奈·潘顿（Verner Panton）设计的。而她的终极梦想，则是拥有一幅瑞典现代艺术家希尔马·阿夫克林特（Hilma af Klint）的画，不知道这个梦想何时可以实现呢？

旧物

大约从十年前开始，国内一些艺术设计界人士中开始流行购买欧洲中古家具，那些蜂蜜色的斗柜、书桌、设计师沙发椅子上，仿佛凝固着一段充满岁月痕迹的故事，与新家具搭配在一起，让家看上去更有韵味。

在北欧，一代一代地传承家具是人们固有的一种习惯，每个家庭中都会有祖父的书桌、祖母的餐瓷这类代代相传的物品。同时，每家每户也会把自己不用的东西卖到跳蚤市场或送去慈善商店，人们也乐于在这些地方流连寻找自己喜欢的旧物。

这些地方充满了价廉物美的家具、生活用品甚至艺术品，仿佛一座宝藏，说不定就会邂逅一件 20 世纪 30 年代或 50 年代大师设计品。淘旧物在北欧人看来有无穷的乐趣，打造自己独一无二家居风格的同时，也在与一种迷人的旧日时光相遇。

慢慢生长的家，充满生命力

从 2000 年到 2013 年，十四年间，每年 12 月，他都在为诺贝尔晚宴的花艺设计而忙碌着。他的花艺作品不仅具有浓郁的北欧自然主义风情，更是一种艺术与文化的演绎。他就是瑞典花艺大师贡纳尔·卡伊（Gunnar Kaj）。当我走进他位于斯德哥尔摩市中心的顶层公寓时，便深深地被他那些花花草草以及充满生命灵性与能量的布置打动了。

这间公寓是两层 loft 结构，室内的建筑格局并不规整，甚至可以说很奇怪，但经过卡伊先生的布置，显得格外清新敞亮，从任何角度看，都充满美感。

四白落地的墙壁配着浅色的木地板，墙上布满各种各样的艺术品画作。橄榄绿的绒面沙发、暗红色传统纹样的地毯和几把各不相同的木椅、单人沙发、一张写满岁月痕迹的旧木桌围成一个沙发区，旁边是小巧的壁炉和高高低低的书架。可以感觉到卡伊先生对色彩具有强大的掌控力，那么多缤纷而

温暖的颜色混合在一起，杂而不乱，层次丰富而充满魅力。

在我来到瑞典之前，对瑞典家居有一种刻板印象，觉得杂志、网络上那些毫无杂物、干净透明而单纯冷漠的黑白灰空间风格即北欧风格。但当走入一个又一个瑞典家庭后，发现那种"极简风"并没有呈现真实而全面的北欧风格。相比之下，卡伊先生家这种充满温度与烟火气息的家才是更吸引着我的"北欧人家"。

卡伊先生的家里到处都是他从四处收集来的宝贝：1831 年的碗柜、墙上奔跑着的人像装置、窗台上各不相同的花器、插着蜡烛的各式烛台、很多很多蜂蜜色的老式古董家具、手绘的植物画，等等。在这里，你可以看到一个丰富有趣的灵魂和一个会呼吸、有记忆的家。它从来不是样板间的复刻品，而是于偶然之间、时光之中，慢慢生长出来的……

令我们惊喜的是，在卡伊先生那张旧旧的白色长木桌上，是他特地为欢迎我们而做的餐桌布置——青花龙纹图案的餐盘本身就是来自中国的老瓷器，雪白的餐巾布被折成书页形状。桌子中间的桌旗吸引了我们的目光，乍一看以为是一卷金黄色团花图案锦缎，仔细看居然是一卷《孙子兵法》的竹简！卡伊先生说这是旅行时从中国古董摊子上淘来的收获，他还配上了来自他家乡瑞典中部达拉纳（Dalama）的达拉小木马，既周到又友好的待客之道，让我们初次相见就有了一种亲切又温暖的感受。

　　但最引起众人好奇的，还是那几支插着红色六出百合的细长玻璃试管——这么细，怎么能站得稳呢？

　　还得大师出来揭秘。原来这些玻璃花瓶的底部都贴了一小块磁铁，而桌布底下垫着一块长条薄铁板，小花瓶就是这样被牢牢吸住的。大家恍然大悟，两眼放光地询问哪里可以买到。

　　"这可买不到。"卡伊先生傲娇地回答，"这是我为诺贝尔晚宴专门设计定做的专利产品，晚宴之后自己留了一些。"

　　于是话题自然回到了诺贝尔晚宴上。2012 年的诺贝尔晚宴餐桌，便是用无数这样的"试管"花器做的设计。紫色、粉色、白色的银莲花插在花器中，远远看过去，像田野中自然生长出来的鲜花在风中摇曳，简约而令人印象深刻。

而另一次让卡伊先生颇为自得的设计是 2005 年的那场现在看来也依然很出位的鲜花装置艺术表演。

在那一年的晚宴上，鲜花并没有依循传统，在客人入场前便安置妥当。客人入座时觉得很奇怪，空空的白色长桌上一朵花都没有，难道是因为预算紧缩了吗？而惊喜瞬间是在热菜上桌之前，一群花团锦簇的合唱团男女演员伴着音乐鱼贯入场。百合、玫瑰、石竹、苍兰……鲜花被他们捧在手里，戴在学士帽顶部，安置在领结等部位，像一群花之精灵翩然而至。转眼间，花儿们找到自己的位置，唱歌的人翩然离场，晚宴餐桌变了一副模样，宾客们合上震惊的嘴，赞叹着这个被鲜花注入生机的蓝色大厅。

除了诺贝尔晚宴，卡伊先生作为花艺师，有着非常活跃的职业生涯。各种主题展览、鲜花课堂、工作坊把他带到世界各地。2010 年的上海世博会，正是由他负责瑞典国家馆的仲夏节花艺布置展示。2017 年 12 月，他应置爱团队之邀，首次在中国举办大师工坊课堂，为中国学员们准备了两天精彩的花艺课程。

生活，朴素且散发光芒

在置爱的大师工坊上，卡伊先生动情地说："真实生命的短暂、脆弱、疯狂、衰败、绽放、野性，是那些假花和塑料花所不能理解的。"

他着迷于植物生命律动与循环的动态。在其 2015 年出版的《鲜花盛开的房间》（*Blomande Rum*）一书中，卡伊先生谈到了鲜花植物所蕴含的生命的意味，"一个摆放着植物的房间，哪怕空无一人，依然是有生命的"。这也让我再一次想起他的家，他在斯德哥尔摩的公寓里另一个让人惊艳的角落——

在公寓一处三角形屋顶的天窗下，卡伊先生为白色的墙壁贴上了绿叶与小鸟图案的壁纸，在狭窄的空间里，安放了半张小圆桌，两把瑞典家居品牌 Svenskt Tenn 的藤椅，周围环绕着高低错落的绿色盆栽植物，营造了一个美妙的花园一角。这也让我想起 Svenskt Tenn 的灵魂人物，设计大师约瑟夫·弗兰克（Josef Frank）所创造的"偶然主义"（Accidentism）。他的核心思想是：家具的陈设不必刻板，亦不用追求完美。信手拈来的"偶然"之美往往格外打动人心。就像眼前这两把藤椅偶遇半个茶几的美好，植物、家具，空间与装饰之间，不经意，不刻意，才有灵性，才有生命一般蓬勃的能量。

室内植物

如果说北欧式家居装饰有什么套路的话，那一定是白墙＋画作＋原木色＋绿植。是的，这种简洁装修、认真装饰的态度，正是北欧的风格之一，而绿植在其中起到的装饰作用和对人心情的调剂作用，也非比寻常。

在瑞典家庭中，室内植物随处可见。无论是小盆栽的花朵植物，还是巨型植物，或是瓶装的插花和水培植物，都被精巧设计并摆放着。无论是花盆还是造型，看似随意，其实都用心设计过。

一点精致的绿色，既是生动的艺术品，同时也让人仿佛回到大自然中呼吸新鲜空气，看到生机勃勃的植物，即便有忧郁的心情也会被适当缓解。

本文摄影：曹蔾冰

夏屋，和自然有关的梦

继续前文，在下雪的冬日别过贡纳尔·卡伊先生后，转年的 6 月，在瑞典最美的季节，我们又一次见面了。这次是拜访他位于斯德哥尔摩东北边、一个叫 Norrtalje 的地方的夏日度假别墅，也来到了他花艺生涯的起点。

贡纳尔·卡伊出生于瑞典中部达拉纳，学的是美术师范专业，但一天美术老师都没有当过，却成了一名专业插画师，以及一名出色的现代舞舞者。和花艺的缘分来自他二十多年前买下的这座老房子，也就是这次我们所拜访的卡伊先生的这座夏日度假别墅——一座有二百多年历史的木屋，还有一个超大的花园，直通海边。

卡伊先生爱花的天性就在这座红色木屋里被充分激发出来了。他在种花、收拾花园、研究园艺和植物的过程中，发现自己对花艺有不一样的天分——随手插的花就十分惊艳且有个人风格，扎个花束送朋友也被友人们大大称赞。

从帮朋友扎些新娘捧花之类的事到接到商业活动的邀约只是自然而然的过程。然后，斯德哥尔摩市政厅的邀约也来了，各类官方活动的场地布置他都完成得得心应手。就这样，入行八年，他就跻身业界翘楚，成为诺贝尔晚宴花艺布置的不二人选，而且，这一做，就是十四年。

当我们的车到达卡伊先生的夏日度假别墅前时，从外面远远望去，就被这绿荫环抱中的红色木屋深深吸引了。木屋的山形门廊被绿色藤蔓植物覆盖，并向上延伸至二楼，遮住半扇窗户和一大块墙壁。当卡伊先生和他的爱人一起出来迎接我们时，像极了从童话中走出的两位隐者。

木屋内基本保持了房子原有的结构和材料。当时是 6 月，但瑞典的乡间依然冷飕飕的。一层一侧的房间内还烧着壁炉，火焰跳动，屋内格外温暖。卡伊先生介绍说，这个房间被他称为"冬屋"，而隔壁的一间是"夏屋"，两个房间装饰风格截然不同。

冬屋是温暖醇厚的暗红色调。暗红色的古老砖地、窗棂、画框，每一件家具都沉积着久远的历史。随处可见书籍和种在别致花盆中的植物。整个空间的色彩是由沙发上的垫子、座椅的靠垫以及台灯的灯罩布艺点亮的，那些温暖明亮的印花图案和斯德哥尔摩的公寓一样，大部分来自瑞典老牌家居店 Svenskt Tenn。另外格外亮眼的还有屋中的壁纸，墙壁上优雅拙朴的花纹，可是卡伊先生一笔一笔亲手描画出来的哦！

转到夏屋，眼前顿时明亮轻快起来。木质的屋顶被他们亲手漆成了白色，地板也换成了浅色木地板。墙围、窗框和大部分家具都是灰白色的，而这边的手绘墙纸，则由米黄色底配搭灰绿色优雅婀娜的枝叶构成，一派夏日阳光下花园的气息。

随他们走上二楼，是一间卧室和工作室。古旧的门板依然保留着百年前的样子，门廊墙壁上钉满了隔板书架，书籍堆得满满的，像大多数瑞典人一样，阅读，是日常居家生活中最重要的一部分。

卡伊先生开始在工作室宽阔的大桌子上插一瓶花。花材是他刚刚从院子里采来的各种花朵和杂草。在他眼里，每一朵花、每一株草，无论绽放还是凋零，都有它不可替代的美感。当他插一瓶花时，希望把身边所看到的树叶长出、落下，花朵绽放、凋零，这无限循环且微妙而不确定的自然定格在某一瞬间，还原大自然最本真的模样。也正是因为这样，在他的素材中，会有很多不那么完美的元素：枯萎的花，寒素的枝，不起眼的野草，直不起腰的鲜花——这些才是让花束瞬间充满生命的东西。

他说起自己做过的最满意的一次花艺布置，是在客人来之前十几分钟，自己跑去路边摘了一大把茎特别长的野草，然后用胶带把草一根一根倒悬固定在屋顶上，让它们自然垂下。非常非常简单，但客人们却都被这自然的美感所震撼。

在从事花艺设计和其他一切追求美感的设计时，除了自然情怀，他骨子里还有一种深入骨髓的瑞典式处世哲学——恰如其分。既慷慨又克制，既要美丽又不能用力过猛。他强调丰盛的生命力和细节，从根本上不信服设计界盛行的"极简主义"。他说，极简主义，是要砍去一切枯花与斜枝，以"无"去指向"有"。而他的美学却非常在乎那些本应该被拣出和被砍去的真实的残破。不要极简，要丰盛，要怒放，要充满细节。魔鬼在细节中，生命也是。

漫步在卡伊先生的花园里，可以更好地细细体会这种丰盛而绽放的生命。蓝紫色的是蓝花矢车菊、翠雀、葱花和三色堇，白色的有接骨木花、苹果花、玛格丽特和穗状的珠芽蓼，还有好多鲜艳的玫瑰与绣球……萌芽的、怒放的、枯萎的、凋零的，当你凝视它们的时候，便看到人与自然的某种默契与共生的和谐。

卡伊先生的花园里没有一株以食用为目的而种植的植物，只有他爱的那些"无用"的花花草草。在与木屋同色的木质花园桌椅旁，有四张绷着美丽布料的躺椅。这些现代设计品与自然的随意融合，更像是卡伊先生在帮它们找到合适的位置，让设计的、现代的与自然的产生化学作用，幻化出一种梦幻般的生活。

沿着花园的小径可以一直走到海边。想象着卡伊先生和他的爱人会在清晨一起去游泳、一起在花园里劳作。整个夏天，他们读书、种花、吃简单的食物、Fika、不停地交谈，那是怎样一种既朴素又璀璨生辉的日子啊！

Fika

　　在瑞典最常听到的一个词是 Fika（音：fee-ka）。它既可以是动词，也可以是名词，可以翻译成"喝杯咖啡"，但又不光是喝咖啡那么简单，还包含着"休息一会儿""轻松一下"的意思。更像是一种日常生活中随时放松自己，告诉自己不要着急的态度。

　　Fika 中一般包含咖啡或茶、饮料，一些简单的烘焙小吃，如肉桂卷、巧克力球、小饼干，甚至一些烟熏三文鱼、三明治之类的咸点，它可以在一天中的任何时候进行，像烦闷中吸入的一口新鲜空气，或平凡中的闪光时刻。

　　记得一年夏天，我们在斯莫兰森林里准备野宴，当时雨下个不停，每个人浑身上下都又湿又冷。带队的艾玛小姐说，我们先 Fika 一下吧。于是拿出准备好的一篮子点心、热咖啡、热茶，一边 Fika，一边聊聊关于森林、采集食材、野外烹饪的话题，沮丧低落的情绪因此一扫而光，每个人都重新抖擞起精神来。

　　下页的两张照片是我们到花艺大师卡伊先生的公寓和夏日度假别墅拜访时，他特地准备的 Fika。在公寓中，

一套瑞典人的国民瓷器 Rörstrand，中间混搭了一个俄罗斯国宝级品牌 Lomonosov 的糖罐，让人忽然觉得那一大套老 Rörstrand 都不那么死板了。当时是圣诞月，卡伊先生用可爱的手作姜饼招待我们非常合时宜。而在乡间的老木屋里，他准备了葡萄酒、薄饼配烟熏三文鱼、生菜和黄油，当然咖啡是必备的。他准备的器具也是乡村感的粗陶器，还特地手写了一张有 FIKA 字样的字条，明显是希望向我们介绍他们独特的 Fika 文化。

让我们 Fika 一下吧！是的，这是瑞典人的一种乐观和放松的态度。在一天中，真心抽出一小段时间休息，也许是二十分钟或半小时。这就像一个美好的、值得庆祝的时刻，一个小小的闪光瞬间，虽然短暂，却可以点亮一整天的心情。

越自然，
越美好

北欧餐桌美学解析

［瑞典］凯瑟琳娜·林德伯格－本汉德森 餐桌造型

本文摄影：曾焱冰、宫艺乐、Candy

璀璨的仲夏之花

在北欧，冬季有多漫长，夏季就有多美好。

经过寒冷黑暗的冬日，一到 6 月，整个瑞典都"活"了起来。"夏日的瑞典人"和"冬日的瑞典人"截然不同，他们冲向户外，在海边、草地上、花园里、森林中野餐、漫步、喝咖啡、读书、聊天……每个瑞典人都仿佛苏醒过来，以狂欢的方式尽情享受夏日的欢乐。

人们会到大自然中采摘各种颜色的野花和绿色的枝叶，无论男女老少，都会亲手编一个花环戴在头上。唱歌，跳舞，饮烈酒，吃新鲜的草莓、腌鲱鱼和刚采摘的第一批土豆。

这一年的仲夏节，受瑞典旅游局之邀拍摄瑞典国家宣传片，我和团队再次来到凯瑟琳娜的家，为迎接我们，她在院子里特地布置了灿烂的仲夏节餐桌，并亲手做了草莓蛋糕、肉桂面包招待我们。

大家都超爱这个仲夏节的餐桌布置，让我们一起用缤纷的色彩迎接盛夏的到来吧！

材料：

大捧越橘枝叶（或其他枝叶）；

试管（可以在化学用品商店或花卉市场、网上买到）；

花艺铁丝；

野花，或各种颜色的草花；

新采摘的土豆；

若干小块的古董蕾丝茶杯垫；

水杯、烈酒杯、葡萄酒杯；

金属做旧的装饰盘是我自己设计的产品，在置爱可以订购，它们非常适合户外的感觉；

刀叉餐具；

草绳和牛皮纸卡片。

步骤：

1. 将越橘枝叶用细麻绳捆成一束一束，然后倒过来扣在餐桌上，使其立稳。

2. 把试管用花艺铁丝固定在每一捧越橘枝里面。

3. 在试管里放上水，然后往里面插上几枝采来的野花。

4. 把新鲜采摘的土豆随意散放在这些花束周围，一堆一堆的，注意节奏感和自然的状态。

5. 把六七枝野花扎成一个小花束，用草绳系好，并把牛皮纸卡片系在上面，卡片上写着客人的名字，然后把做好的花束放在餐盘上。这里有一个小小的传说，据说年轻的女孩子把七色的花朵扎成花束放在枕畔，会在晚上梦到自己的真命天子。

6. 在餐盘正上方摆放一两块古董蕾丝杯垫，将酒杯按顺序摆放在上面。这个细节会给餐桌营造出一些柔美和传统的味道。

这张大餐桌就布置好啦！当然你还可以做一两瓶很自然的花束装饰餐桌，在透明的花瓶里，也可以放几个小土豆做装饰。仲夏节的第一批土豆在瑞典是千金难买的，用它来装饰餐桌，并制作菜肴招待客人，显得非常传统而有诚意。

让我们再一起布置 Fika 的矮桌吧！

我们需要做一个大大的仲夏花环，矢车菊和牛眼雏菊是夏天非常常见的花朵，越橘枝叶是它们最好的搭档。把它摆在桌面上当作最为核心的装饰，不仅非常美丽，也很有仲夏节的传统味道。要知道瑞典人在仲夏节时，都会在头上佩戴亲手扎的花环呢！

越自然，越美好

材料：

一个大号的环形花泥；

越橘枝叶；

矢车菊；

牛眼雏菊；

接骨木花或蕾丝花。

步骤：

1. 给环形花泥注水将花泥部分浸泡至充满水分。

2. 将越橘枝叶插入环形花泥，完全覆盖住花泥。修剪花茎，然后把花朵随意插入花环之中。

做这样一个花环其实很简单，关键要让造型饱满、匀称，用绿叶将花环的三个面都覆盖住。

把做好的花环摆放在矮木桌的中心位置。为了布置出桌面的高低层次感，凯瑟琳娜在桌子一端摆放了一个圆形的盒子，上面盖了一块天然麻布餐布，目的是让漂亮的草莓蛋糕比花环更高一些，看上去凸出且有节奏感。玻璃高脚托盘特别适合盛放夏日的草莓蛋糕。同时，再多撒一些草莓在周围的桌面上，让鲜艳的红色更多，仲夏节的草莓总能给人带来愉快的心情。

下面就该摆放茶具了。每个人的杯碟下面都垫着一块复古蕾丝杯垫，同

样是为了让粗糙的桌面显出一些细节。哦，还有瑞典传统美味的肉桂面包，我们把它用雕花的银盘子盛放，再配上银质刀叉，完美!

在瑞典，仲夏节最重要的一项活动是围着五月花柱，跳"小青蛙舞"，唱很搞笑的《小青蛙歌》(*Små Grodorna*)，那天我们也一起唱了，你听到了吗?

小青蛙，

小青蛙，

可真有趣呀!

没有耳朵，

没有耳朵，

没有尾巴!

哦呱呱呱呱呱!

可以吃的餐桌布置

虽然凯瑟琳娜与弗雷德里克和加布里艾拉是亲戚，但也并不常见面。他们经常互发短信，并从 Facebook 和 Instagram 上知道对方的近况，这也是瑞典人经常采用的一种联络方式。

他们家的设计非常漂亮，品位很好。（详情见 P017）的确，瑞典人常常会亲自动手建造和翻新自己的家，不管是一间公寓还是一栋房子。

那天，在他家的餐桌上，凯瑟琳娜用蔬菜做了一个有趣的餐桌布置。

因为凯瑟琳娜一贯喜欢一些与众不同的感觉，她觉得用鲜花做的餐桌布置实在太多了，更重要的是这些蔬菜的色彩和弗雷德里克家餐桌旁沙发上的垫子十分相配。

而且在完成了装饰餐桌的使命后，这些"餐桌布置"也都可以被吃掉！

材料：

彩色花椰菜；

青番茄、红番茄；

甘蓝；

长条形的小茄子；

大豆荚；

小香葱；

红薯；

黄豆角；

胡萝卜；

小盆栽的迷迭香和一种紫色香草。

这些可以吃的蔬菜颜色和形状都很美，也和斯科纳的田园气息非常融洽。

步骤：

1. 铺上黑色亚麻桌布，在黑色的映衬下，蔬菜的颜色会更加美丽。

2. 整理甘蓝的叶片，让包住菜心的叶片舒展开，呈现出更好看的形状。将三个大个儿的甘蓝在餐桌中心线上做一个定位，均匀摆放成一条线，但甘蓝的朝向可以不同。然后再根据自己的感觉，把各种蔬菜、香草穿插摆放，注意颜色的配搭和整体造型的节奏。

3. 摆好餐盘和酒杯、餐具。再次调整桌面的布局和节奏。以眼睛感觉舒服、不阻碍视线为最终目标。

4. 将亚麻餐巾卷起来，一端留出一个尖。将任意蔬菜坐在餐巾卷里，可以用任何你喜欢的蔬菜，这会让用餐者非常惊喜和好奇，也想看看其他人的餐盘里摆的是什么。

5. 完成啦！注意完成的整体造型是中间高一点，然后逐渐向桌子的两端延展开，这样看上去很舒服。

嗯，瑞典的蔬菜都非常有机环保，等待开餐的时候，直接抓起一个胡萝卜吃吧！

其他装饰：

如果你也能找到像斯科纳这里这么多颜色的花椰菜，那祝贺你！它们真的很可爱，直接摆在古典的黑色花樽里，也是庭院 BBQ 时的装饰品呢！

在海边喝一杯香槟

还是在弗雷德里克家，他亲自设计的庭院里有一张长木桌，坐在旁边可以眺望大海。这样的景观，让人很想喝一杯香槟！凯瑟琳娜带我从海边采来很多细长的野草，把它们插进宜家的透明玻璃水瓶里，让草叶随着海风摇曳。在这种景观下，无须过多的装饰，只要和周围的自然环境有一点关联，就非常完美！

材料：

海边细长的草；
宜家玻璃水瓶。

步骤：

摆好瓶子，插好草。打开香槟，
干杯！享受你的海边时光吧！

苹果园里的下午茶

还记得洛塔和彼得在苹果园里的家吗？（详情见 P035）凯瑟琳娜和他们住得不远，从最初只是见面打个招呼，后来渐渐成了朋友，可以去彼此家里做客了。

在凯瑟琳娜和洛塔所居住的这一带，很少看到谁家里有那么大的苹果园。但在斯科纳，如果往东南边走，坐落于美丽的波罗的海边上的渔村希维克（Kivik）被誉为"苹果之都"，那边有肥沃的土壤和理想的气候，已累计培育出超过七十种不同的苹果。那边很多人家都种苹果树，秋天会将苹果卖给果汁公司或水果批发商，游客甚至可以到果园里自助购买苹果。

洛塔是个可爱的女主人，她头脑非常开放，而且整天都开开心心的，待人友好热情，非常擅长烹饪。她用烤箱做出来的烤鸡配上土豆和辣酱，简直是人间美味。

这个下午茶的布置灵感当然源于那些漂亮的苹果枝，绿色的叶子配上红色的果实，太美了！我们先是一起去苹果园里摘苹果，洛塔告诉我可以直接将整个枝杈剪下，这真是太让人兴奋了！我们把苹果枝扛回来摆在桌子中间，再在周边摆上好看的餐盘，就像置身于苹果园中的下午茶，是不是很酷？

材料：

粗麻桌布；

苹果枝杈；

绿色的玻璃果汁杯和橘黄色的玻璃水杯；

绿色花纹的甜品盘；

本色亚麻餐巾；

银质凉水瓶和木头小砧板。

步骤：

1. 铺上粗麻桌布。如果看过凯瑟琳娜的《四季餐桌》就会发现，她经常用这样的粗麻布当桌布，它非常有田园风格，颜色也很衬托食物，如果有合适的，建议你也买一块常备。

2. 将整枝的苹果枝杈摆放在桌子中心，注意摆放的节奏感，让中间部分丰满一些，向两边逐渐延伸。如果你没这么幸运，可以在苹果园里随意采摘，也可以配合其他枝叶材料和单个的苹果，做出类似自然感的造型。

越自然，越美好

3. 将餐盘和酒杯摆好，餐盘和酒杯的色彩与桌面非常和谐。

4. 在每个餐巾卷上摆放一个苹果，这样客人坐下来，就可以咔嚓一口开吃了。

5. 用木头小砧板盛放洛塔烤出的苹果派，太香太美了！

其实一切都很简单，对吗？如果你可以把食物、环境与餐桌布置结合在一起，就一定会是一次难忘的聚餐体验。

一场秋日的乡村婚礼

秋天，在图勒科夫乡间的小路上，经常可以看到用木头架子做的自助南瓜售货架，上面堆满了各色大小南瓜，形状千奇百怪，你可以随意挑选，然后按照标明的价格留下钱。一个南瓜从十几克朗到七八十克朗不等。那些大个儿的南瓜你可以抱回去做菜，但更多五花八门的小南瓜却不是用来吃的，而是各家各户用来给家里增添几分秋色的装饰品——在金黄的季节，没有什么比南瓜更有季节代入感的了。

今天的布置主题是婚礼，一场乡间的婚礼派对。瑞典的年轻人或许和全世界的年轻人一样，喜欢在婚礼上用很多花朵，比如漂亮的玫瑰。但这些年，人们也越来越追求个性化，喜欢有趣的设计，希望自己的婚礼派对独一无二。凯瑟琳娜曾帮一个朋友做婚礼所有的花艺布置，包括现场装饰、餐桌设计、新娘花束等。她特别的爱好是——茴香！是的，她希望让茴香作为花材的一部分出现，很酷吧！

今天的乡间婚礼，我希望体现出秋日的斯科纳乡村特色。于是准备从这些南瓜下手！

材料：

我挑选了很多绿色和白色南瓜，大大小小，非常可爱；

大颗绿色卷心菜，用它当"花器"插花很漂亮；

桌布是春天在田里用来给庄稼作物保温用的无纺布，质地轻柔，也很像新娘的婚纱；

此外，还准备了几枝白色的剑兰，还有一些花园里的玫瑰和大豆角。

步骤：

1. 先将白色无纺布铺在长桌上，把布做出随意的褶皱，既像起伏的田地，又像新娘起伏的裙摆。

2. 在桌子中间，顺应褶皱的节奏，摆放大大小小绿色和白色的南瓜，

还有大卷心菜，就像一朵盛开的花。在桌子正中间的一个南瓜里插上了花园里粉色的玫瑰，还有一些枝叶和绿色的大豆角，一切都是乡村氛围。

3. 将烛台对称摆放在桌子上，并摆好餐盘、酒杯和餐具。

4. 在每个餐盘上摆放一个小小的白色南瓜，用它当作名卡架，安排好每个人的名卡座位。

5. 最后，在桌子的中心位置放一个透明的大花瓶，里面插三枝白色剑兰，在婚礼的宴席上，通常会用到这种花。

以很瑞典的方式吃掉一只小龙虾

瑞典人把小龙虾叫作 Crayfish，小龙虾派对则称为 Kräftskiva（复数是 Kräftskivor），从每年 8 月开始，是瑞典日历上的一大亮点。瑞典人对小龙虾派对的喜爱程度绝非一般，男女老少，通通为"小龙虾"狂。这也是因为，过完这个夏天最后的狂欢节，北欧就又要陷入漫长而忧郁的冬天了。

瑞典人的小龙虾派对很有仪式感。小龙虾一般都煮在盐水汤里，汤里有啤酒、皇冠莳萝和盐、胡椒、洋葱。切记，小龙虾煮的时间不要过长，别超过八分钟，否则就老了。煮好后的小龙虾放在汤里冷却，然后控干，以冷餐的形式上菜。当然，摆盘时也一定要配上莳萝，不仅提味，颜色和红红的小龙虾搭配在一起也很漂亮。当然现在超市里也有很多来自中国的速冻即食小龙虾，既简单又美味。

每年 8 月，凯瑟琳娜一家常常被邀请参加莱娜和佩德家在私人小岛上的

小龙虾派对。（关于小岛，详情见 P057）每当这时，他们都会把家藏的那套德国唯宝的漂亮龙虾盘拿出来待客，所有人都会戴上滑稽的帽子和围嘴，点上月亮形状的纸灯笼。

8 月到 9 月，花园里的玫瑰果灌木也都结出了红红的果实，岛上还可以捡到一种漂亮的红叶。就像这次我们一起在岛上采集到的那种。这些自然中的植物和果实非常美丽，和红红的小龙虾配在一起，也是最恰当的餐桌布置。

配在餐盘边的这把红色小刀是瑞典人用来吃小龙虾的专用工具。而且一根筋的瑞典人认为，刀柄必须是红色的。酒杯一定要准备一个喝 Snaps 烈酒的小杯子和一个啤酒杯。这两种酒对小龙虾派对来说，非常传统。此外，瑞典人也爱在此时喝威士忌。

喝酒的时候，还要唱祝酒歌。每喝一杯酒之前，都会唱一首，然后 skål（干

杯)。唱一轮,喝一轮,有点傻傻的,但很开心。其中最有名的一首是 *Helan Går*:

一口喝光(hup-de-la-la-la-loo-lah-lay)!

一口喝光(hup-de-la-la-lah-lay)!

让我们喝光!

材料:

采集来的玫瑰果、各色落叶,最好是红的和黄的;

莳萝;

各种小巧的玻璃花器;

盐水小龙虾;

盛放小龙虾的可爱大盘子;

红色龙虾烛台,搭配黄铜传统烛台;

红色小龙虾塑胶玩具;

餐盘和酒杯,吃小龙虾的红柄小刀。

步骤:

1. 先把两大盘煮好的小龙虾摆在恰当的位置。

2. 用红叶勾勒出大概的装饰范围。

3. 将蜡烛插空摆好,注意疏密。

4. 把玫瑰果之类的花花果果插入小玻璃花瓶,按照桌面的节奏摆放

在恰当的位置，来衬托小龙虾盘，并做到整桌视觉感均匀。

5. 摆好餐盘、工具和酒杯。

6. 在小龙虾上装饰新鲜的莳萝，看，完成后是不是非常美丽！

带着海洋气息的餐桌

还是在好友莱娜和佩德的私人小岛上，除了可以在茂盛而古老的林间散步、在夏日别墅中休息、享受美食，还可以在海边尽情享受沙滩、海水带来的乐趣。

沙滩上有一间主人修建的木屋和栈桥，木屋由一个小仓库和一间厨房构成，里面有所有海滩休闲需要的东西。那天我们在海边的长条木桌上，很随意地布置出了一个"带着海洋气息的餐桌"，所有的装饰物都来自大海和沙滩——海藻、贝壳、石头……凯瑟琳娜在沙滩上捡来这些小东西，并把它们摆在桌子上作为装饰，搭配海蓝色宽边餐盘和餐垫，只用了不到十分钟，餐桌布置就完成了！

材料：

海藻、贝壳、石头、浮木……一切你觉得在海边能捡来的有趣的东西；

蓝色边的海洋感餐盘；

蓝边编织棉餐垫；

刀叉、酒杯和凉水瓶；

一盏户外灯。

步骤：

1. 挑选各种颜色的海苔、水草，让颜色层次更丰富，有韵律地摆放在餐桌中间，穿插着贝壳、石子等装饰，不必很复杂，关键是营造出"海洋气息"。

2. 摆放好餐具和酒杯。如果你有很多机会在海边度假、用餐，那建议你采购一套这样很有海洋气息的基础餐具，包括凉水瓶和托盘，使用率会很高。

从田间到餐桌

Restaurang Sand 是博斯塔德（Båstad）一家非常有名的餐厅，然而，它的自助餐餐桌布置得异常单调，餐厅的管理者只关注食物的质量，却忽略了餐桌对美食体验的重要性。凯瑟琳娜总说，"餐桌是你参加晚宴或派对时最先吸引人目光的部分，而好的食物只是额外的惊喜"。所以，借这次拍摄机会，我们将改变一下这家餐厅自助餐台的面貌。

让我们回到这张自助餐桌上。博斯塔纳所在的斯科纳地区被称作"瑞典的谷仓"，是北欧一些顶级厨师的家乡。斯科纳的美食传统是当地人的骄傲，优质的当地食材也是烹饪精华所在。那么，为什么不把菜田搬到餐桌上？当你在自助餐台选择食物时，会知道它们来自哪里，也会被这些美丽的原材料激发出对美食的更多向往。当时正是 9 月，因此我们选择了羽衣甘蓝，绿色的羽衣甘蓝。凯瑟琳娜带我来到附近的菜田，里面有很多粗壮美丽的甘蓝，远远望过去，就像一片厚厚的碧绿色地毯，非常漂亮。

除了绿色羽衣甘蓝，我们还选了黑色羽衣甘蓝，它的姿态更直挺，颜色更深，适合与花朵搭配。我们还开车到玉米地里采了一些玉米秆子，正路边买了几个漂亮的南瓜。桌布嘛，自然是粗粗的麻布啦！秋天，这些都应该是主角！

至于花朵，凯瑟琳娜选了几枝田野里的向日葵，还有绿色红边的绣球，它与甘蓝的颜色非常协调。在蔬菜中有一些花朵，会让整个布置显得更精致一些。

步骤：

1. 先把麻布铺在自助餐台中央高出来的装饰台上。把羽衣甘蓝的叶子一片一片掰下来，像花束一样放在一个简单的广口瓶里，并将其摆放在桌子中间作为高度的中心。围绕这个花瓶，将羽衣甘蓝一层一层码放，让整个桌面像田地里一大片延绵起伏的羽衣甘蓝。

2. 完成上面一步后，在桌子一头，在做旧效果的铁皮桶里插入高高的玉米秆子、向日葵以及羽衣甘蓝。这个主装饰会给整个餐台带来一个核心视觉点。大小不同的白色、绿色南瓜都摆在餐台周围，会让秋日的氛围更浓烈。

3. 在餐桌的另一端，同样的铁皮桶里盛放了由黑甘蓝和绣球组成的装饰，加入一些花朵，让整个桌面装饰在自然野味之余，更有精致的感觉。

4. 给整个餐台的布置做最后调整，在羽衣甘蓝叶面上喷一些水，摆好蜡烛。大厨已经准备好，要在餐台上摆放新鲜美味的食物啦！

让美食与餐桌相互融合

Fotografiska i 是斯德哥尔摩一家非常有名的画廊及餐厅，位于斯德哥尔摩摄影博物馆（Fotografiska），因而也被誉为"最好的博物馆餐厅"之一。

这家餐厅本身具有很现代的斯堪的纳维亚设计风格，高屋顶、原木房梁、黑白灰的色调配以工业感的硬朗风格。我很爱那些大大的落地窗，放眼望去，就像一幅幅以斯德哥尔摩美景绘制成的画作，也很喜欢墙上挂的那些经典摄影作品，和整个博物馆一样具有艺术气息。

这家餐厅由明星厨师保罗·斯文松（Paul Svensson）经营，他在瑞典电视台有多档热门节目。多年前，凯瑟琳娜在为瑞典厨艺团队录制电视节目时与他相识，对他的烹饪风格和理念留下了很深的印象。

保罗非常注重采用本地的有机食材，强调新鲜、环保，所以对我们来说，

布置这张自助餐台，一是要与整个餐厅的氛围相互融合，二是同样要秉承有机、环保、自然的理念来进行设计。

材料：

来斯德哥尔摩之前，凯瑟琳娜带我一起在博斯塔纳的田间采了几棵大大的黑色羽衣甘蓝，在花店又搭配了暗绿色红边的绣球、蓝刺头和紫色洋葱花。这三种花的色调与黑色羽衣甘蓝可以完美搭配；

在瑞典南部的市场里，还买了几只做旧的铁皮桶，这非常符合瑞典人的自然审美，与餐厅里原本的铁皮花器也十分和谐；

此外，我们还准备了几盆香草和牛皮纸、草绳。

步骤：

1.在三个桶里先放入羽衣甘蓝作为主体，然后分别配搭蓝刺头、绣球和紫色的洋葱花，不必非常均等，有一些不同的侧重，会感觉更

自然。

2. 将香草花盆用牛皮纸随意包裹，用草绳捆好，选择的香草色泽要与整体氛围融合。

3. 将包好的花盆摆在桶周围，并用餐厅里的绿色南瓜作为装饰。

非常简单的布置，它象征着田野、有机、自然，代表着北欧设计崇尚的一切理念！那天，这个布置吸引了很多过往的客人纷纷拿出手机拍照，我想，是因为它与餐厅的氛围如此和谐，又让人有想不到的小小惊喜吧！

叮叮当，圣诞餐桌来了！

拉尔斯和伊娃是凯瑟琳娜的老朋友了。很多年前他们曾经是邻居，那时候孩子们都还小，他们住在相邻的别墅里。随着孩子们长大、离开，拉尔斯和伊娃也将家搬到了斯德哥尔摩的市中心，这里对老年人来说，更加方便、热闹。这间古老而美丽的公寓里充满了拉尔斯和伊娃的收藏，传统、艺术又富于温暖的氛围。（详情见 P095）一张美丽而隆重的圣诞餐桌对于他们来讲，是非常重要的节日组成部分，所以，我们就在他们的长桌上，布置出一张既传统又充满北欧元素的圣诞节餐桌！

材料：

从传统视角看，圣诞的主题色更偏向于绿色、米色和红色，因此桌布选择米色的，从森林里拾来许多云杉、松树的枝杈以及松果，这些都是圣诞的经典元素，当然，还要有一扎红玫瑰和红色圣诞冬青；

此外，我们还准备了很多坚果，像核桃、榛子，你不觉得这些果实非常有冬天气息吗？还有苹果、羽衣甘蓝、干柠檬片、肉桂棒、干苔藓、草绳、环形花泥、花艺铁丝、竹扦……一会儿你就知道这些都是做什么用的了！

步骤：

1. 先做一个圣诞花环。

在准备好的浸湿的环形花泥上插满米兰叶、冬青，做好花环的打底。如果这一步你对自己不够有信心，圣诞期间，花卉市场里都会有做好的圣诞花环出售，买一个基础款样式的，回来自己装饰一下也很方便。

把长短不同的4~5根肉桂棒用麻绳捆成一捆，再用花艺铁丝固定在花环上。

用铁丝将干柠檬片三两个串在一起，也固定在花环上。

用竹扦插在小苹果的底部，固定在相应位置。

同样用竹扦插入核桃的缝隙部分，将核桃也在花环上固定好，再装饰几朵红玫瑰，一个非常有圣诞气氛的花环就做好了。

2. 将米色的桌布铺在红色桌布打底的桌子上，把圣诞花环摆放在餐桌的正中央，将枝形烛台均等地放在两侧合适位置，然后堆满松枝、云杉枝，注意让造型丰满。

3. 把干果、苹果撒在松枝之间，有些位置一小堆一小堆地摆放会比较有节奏感。你可以顺便把核桃钳摆在桌子上，这样在等待大餐的

时候，客人们就可以直接动手吃了！另外，在准备好的小陶土花盆里堆满干苔藓，摆放几个红色的小苹果，放在餐桌一角作为装饰。

4. 将餐盘和酒杯摆好。有圣诞气氛的红边亚麻餐巾布是凯瑟琳娜的婆婆留给她的，很有年代感，把它折成长方形，压在盘子下方。在每一个餐盘上摆上一枝北美冬青，让餐桌的气氛更浓。

点燃蜡烛，激动人心的圣诞大餐就要开始啦！

圣诞花环和厨房装饰

上一篇我们看到了一个圣诞花环如何制作。除了摆放在长桌的核心位置，也可以有很多灵活的方式摆放，比如以下两种——

1. 平时，放在厨房里，或房间随意一张桌子上，都是很好的装饰，中间放一个柱形蜡烛，让气氛更热烈。

2. 如果你像我们一样运气好，能赶上一场白雪，把圣诞花环摆在露台上或花园里，喝一杯烈酒，赏一下雪景，那就太美了！

再做一个厨房装饰吧！

羽衣甘蓝是瑞典人很喜欢的蔬菜，不管是拌沙拉还是烤着吃都不错。在圣诞节期间，买回来的蔬菜水果也可以是房间的装饰。利用羽衣甘蓝叶子蓬松的感觉，将其堆放成小丘的形状，在上面码放一些红色的小苹果，是不是

很有圣诞树的感觉？好的布置不一定要用复杂的工艺技巧或昂贵的材料，关键是巧妙和趣味。

如果你的厨房够宽敞，这个装饰可以放在厨房里。或者，把它摆放在餐厅、客厅的小桌上，都是不错的小点缀。

干杯！迎接新的一年

乌尔丽卡和罗班夫妇拥有一间充满艺术感的公寓，黑白色调，简吉但充满细节。他们喜欢老物件，喜欢不同风格的艺术品，这些都在他们并不很大的家里——得到呈现。（详情见 P139）每次凯瑟琳娜来做客，都会想，如果在这个美妙的厨房里度过新年前夜，该是多美好的感觉呀！

于是趁这次采访拍摄的机会，我们把新年主题餐桌布置在了他们的餐厅里，这里有黑底印花壁纸、艺术感的吊灯、充沛的阳光和很多绿色植物。可以想象一下，在这样的餐桌上吃完新年晚餐，再一起爬上公寓顶层，喝着酒，看烟花绽放，一定可以迎来最美好的一年！

材料：

你可能不知道这绿色的枝条是什么，其实它是蓝莓的枝叶，在冬习，它们仍然保持着绿色。当然你也可以用其他线条感好的松树枝未做

这个设计。瑞典人很喜欢把新年的主题色定为白色，因此选择了白色亚麻桌布、餐巾和白玫瑰。

步骤：

1. 铺好桌布，将蓝莓枝叠加摆放在桌子中间。让蓝莓枝形成立体的造型，就像一片小树林。

2. 将白玫瑰花茎修剪到只剩下 4 厘米，然后放入喝烈酒用的小酒杯中。将这些盛放着花朵的杯子穿插摆放在蓝莓枝之间。

3. 将一根透明 LED 小闪灯放在蓝莓枝上面，亮晶晶的感觉会很有新年气氛。

4. 将餐巾布对折，卷成玫瑰造型，再将一片修剪下来的玫瑰叶别在上面做装饰，和桌面上的玫瑰呼应。

那天，我们一起完成这个餐桌布置后，格外开心，这张餐桌的色调与这个空间气氛非常融合，给人清新且充满希望的感觉。让我们干杯吧！Happy New Year！

致谢

　　这本书自 2016 年开始策划，赴瑞典采访、拍摄，深入了解瑞典方方面面的文化背景，经历了一个漫长的过程。首先我要感谢本书的策划人张田甜，是你促成了这本书的完成。

　　感谢"2.5 次元"摄影师袁小涵，几次行程的全程跟随拍摄，创造出无数独一无二的精彩视角。简单缓慢、真实细腻的作品风格更完美地诠释了本书的内容。

　　感谢露伊，精通瑞典语和熟知瑞典文化的你，在沟通、翻译中起了重要的作用，同时感谢你为我审阅了这本书的内容，避免了很多疏漏和错误。

　　我还必须感谢对我了解瑞典文化提供方方面面支持的瑞典旅游局中国区首席代表李春梅、前公关经理宫艺乐，瑞典隆德大学外科学博士 / 博士后张颂恩，为这本书的采访提供人脉资源的瑞典驻华大使馆前文化参赞 Mathias

Lafolie，你们无私的帮助是促成这本书完成的强大力量。

感谢未读出版，感谢你们的信任和等待。

当然，最热烈的拥抱献给 Catharina，关于瑞典的一切，都来自与你的缘分。感谢你为这本书做出的一切努力以及付出的巨大耐心和信任。

最后，请允许我感谢所有接受我的采访和拍摄的人（不分先后顺序），是你们的精彩生活和人生态度构建了这本书的内容——Catharina 和 Nils 一家，Fredrik、Gabriella 和你们的小狼群，Lotta 和 Peter，Lena 和 Peder，Knut 和 Gerd 一家，Catherine、李亚男以及你们可爱的女儿们，Ewa 和 Lars，Astrid Sylwan、Fredrik Juhlin、Niclas Wahlström 和 Daniel Roos，Ulrika 和 Robban、GunnarKai，Paul Svensson，Johan Lindeberg，Henrik。

生活,朴素且散发光芒

曾焱冰 著

[瑞典]凯瑟琳娜·林德伯格-本汉德森 餐桌造型

图书在版编目(CIP)数据

生活,朴素且散发光芒 / 曾焱冰著. – 北京:北京联合出版公司, 2022.1
ISBN 978-7-5596-5766-4

Ⅰ.①生… Ⅱ.①曾… Ⅲ.①散文集－中国－当代 Ⅳ.①I267

中国版本图书馆 CIP 数据核字 (2021) 第 242085 号

出 品 人	赵红仕
选题策划	联合天际·文艺生活工作室
图书策划	张田甜
特约编辑	邵嘉瑜
责任编辑	龚 将
美术编辑	王颖会
封面设计	孙晓彤

关注未读好书

出 版	北京联合出版公司
	北京市西城区德外大街 83 号楼 9 层 100088
发 行	未读(天津)文化传媒有限公司
印 刷	北京雅图新世纪印刷科技有限公司
经 销	新华书店
字 数	90 千字
开 本	710 毫米 × 1000 毫米 1/16 16.25 印张
版 次	2022 年 1 月第 1 版 2022 年 1 月第 1 次印刷
I S B N	978-7-5596-5766-4
定 价	78.00 元

未读 CLUB
会员服务平台